ジンメルの論点

徳田　剛
杉本　学
川本格子
早川洋行
浜日出夫

ハーベスト社

はじめに

「ジンメルのテキストは読みにくいが，おもしろい」。そのような読後感に導かれるようにして筆者がジンメル研究に足を踏み入れたのは1990年代前半のことである。

もはや昔語りであるが，当時の国立大学にはまだ「教養部」という組織が残っていて，大学の1・2年次は幅広い知識と教養を身につけるべく「一般教養」（"パンキョー"という略称で呼ばれていた）の授業を受けていた。ジンメルとの出会いも，筆者が1年次に受講した「社会思想史」の授業であったと記憶している。そして，当時の人文・社会系の学部・大学院では，各分野の古典的なテキストを原語で読む「原書講読」の授業や，学生らによる自主的な読書会などが当たり前のように開催されていた。やがて教養部は解体され，大学界全体が"実学"志向へと舵を切っていく中で，分厚い原書テキストを何年もかけて少しずつ読み進めていくような機会や気風もまた，急速に失われていった。社会学の分野においても，社会学史や古典的社会学者の知見や研究成果は，意識して保存し語り継いでいかなければならないものとなりつつある。

本書が刊行される2018年は，ドイツの哲学者・社会学者ゲオルク・ジンメルの没後100年にあたる。執筆を担当した5名の著者は，20数年前に正式発足したジンメル研究会の当初からのメンバーであり，このメモリアルイヤーを迎えるにあたってジンメルに関する出版を企画しようということになった。ジンメル研究会のメンバーが中心となった出版物としては，2001年に刊行された『ゲオルク・ジンメルの社会学』『21世紀の橋と扉』，2004年刊『貨幣の哲学という作品』，2006年刊『ジンメル社会学を学ぶ人のために』（いずれも世界思想社刊）がすでにある。とりわけ入門書としての役目を意識して編まれたのは『学ぶ人のために』だが，作品解説と同時

代の社会科学者・思想家との関係による章立てがなされているという意味で，オーソドックスな社会学説史のスタイルを取っている。言い換えれば，ジンメルの主要作品の発刊年次や，彼の思考・思索の展開についての知識の習得が目指されていて，暗にそのような素養や問題関心を持つ読者を意識したつくりになっていた。

筆者が大学で担当している社会学概論や都市社会学などの授業では，いくつかのジンメルのアイデアをしばしば取り上げ，紹介している。現代の社会・文化や都市に関する事象を説明するにあたって，ジンメルの「大都市」「異郷人（よそ者）」「流行」「貨幣（経済）」「近代文化」「芸術」「橋と扉」などのトピックは，大学生に説明する際にとても良いアクセントになってくれている。そうした経験からも，ジンメルの著作や論文・エッセイなどで取り扱われる重要なトピックごとにその「論点」を抽出し，それぞれの内容や議論の背景をまとめたような論集があってもよいのではないか，というのがわれわれが到達した結論であった。

本書のこのようなコンセプトには，メリットとデメリットがある。ジンメルは特定の学問分野に収まらず，哲学・社会学・芸術学・宗教学・経済学など多岐の分野にわたる業績を残した人物である。幅広い例示と縦横無尽な展開を見せる彼の思考・論述スタイルからすれば，同じ「論点」が複数の論稿の，異なる文脈のもとで取り上げられることも多々見られる。ジンメルの「作品紹介」の色合いが濃かった前著では，こうした複数の著作にまたがる重要な論点や思考内容に照準しづらかった面がある。

その一方で，どのトピックを取り上げてどう配置するかについて，編集サイドの意向や恣意性の影響を受けやすくなる点も指摘しておかなければなるまい。執筆者のうち4名が社会学分野，1名が哲学分野という構成からも，本書全体が"社会学寄り"の色調を持ってしまっているかもしれない。もちろん本書を編むにあたって，ジンメル研究のこれまでの蓄積を踏まえながら，彼の業績全体の中の重要なトピックをバランスよく抽出したつも

りではいる。そのあたりの首尾については，本書を手に取ってくださった読者の評に委ねたい。

　本書は，ジンメルに初めて接する読者が彼の重要な概念や考え方の要点を把握できるようなつくりになっている。ジンメルの複数のテキストにまたがって論じられている「論点」ごとにアクセスしやすくなっているので，興味や必要に応じて本書のどの箇所から読み進めていただいても構わない。とはいえ，ジンメルの独特の思想や論述は，彼の同時代的な社会背景や学問的な文脈の影響下で紡ぎ出されたものである。したがって，本書の解説だけを見て「分かった」というのではなくて，その前後の文脈やテキスト全体の構成などを確認する，といったことも大切な作業である。願わくは，ジンメルの広範かつ深遠な思想内容を読み解き，味わうためにも，本書を一読された後にはジンメルのオリジナルのテキストにもアクセスしてみてほしい。ジンメルのドイツ語版・日本語版全集，翻訳書およびジンメル研究の著作の情報を，本書の巻末に付しておいた。

　ジンメルは晩年，「わたしの遺稿は，多くの相続人に分け与えられる現金払いの遺産のようなもの」であり，「各人がそれぞれ，自分の分け前を自分の性質に応じて何らかの所得に変えればよい」との"遺言"を残している（『断章』：17）。そうした意味で本書は，100年後の世界に生きる我々にとっても「アイデアの宝庫」であるような，ジンメルのテキスト群に分け入るための「宝の地図」となるべく企図された。本書を手に取ってくださった読者がジンメルのものの見方やとらえ方を体感し，彼の著書や論集を実際に読んでみようと思っていただけるならば，筆者らの本望である。

　2018年9月

執筆者を代表して　　　徳田　剛

『ジンメルの論点』目次

はじめに（徳田）　　　　　　　　　　　　　　　　　　　　1

第1部　関係・集団・社会

①社会化としての社会（杉本）　　　　　　　　　　　　　10

②相互作用と個人（杉本）　　　　　　　　　　　　　　　15

③社会の3つのアプリオリ（杉本）　　　　　　　　　　　19

④闘争と競争（杉本）　　　　　　　　　　　　　　　　　23

⑤社交（杉本）　　　　　　　　　　　　　　　　　　　　29

⑥秘密（杉本）　　　　　　　　　　　　　　　　　　　　33

⑦信頼（浜）　　　　　　　　　　　　　　　　　　　　　38

⑧二人集団／三人集団（杉本）　　　　　　　　　　　　　42

⑨支配（杉本）　　　　　　　　　　　　　　　　　　　　45

⑩多数決の原理（杉本）　　　　　　　　　　　　　　　　50

⑪集団の自己保存（杉本）　　　　　　　　　　　　　　　55

⑫誠実と感謝（早川）　　　　　　　　　　　　　　　　　60

⑬異郷人（杉本）　　　　　　　　　　　　　　　　　　　64

⑭貧者（杉本）　　　　　　　　　　　　　　　　　　　　68

⑮社会的水準（杉本）　　　　　　　　　　　　　　　　　72

第2部　都市・文化・貨幣

⑯大都市の基本原理（徳田）　　　　　　　　　　　　　　78

⑰大都市生活者の心的特性（徳田）　　　　　　　　　　　82

⑱大都市における人間関係（徳田）　　　　　　　　　　　86

⑲都市の美学（徳田）　91

⑳「主体の文化」と「客体の文化」（徳田）　97

㉑流行（早川）　101

㉒社会学的美学（徳田）　105

㉓橋と扉（浜）　110

㉔「女性文化」（川本）　114

㉕疎外と物神性（早川）　118

㉖神話の中の槍（早川）　122

㉗有用価値と美的価値（早川）　126

㉘人格と労働（早川）　130

㉙銅ではなく信頼（NON AES SED FIDES）（浜）　134

第3部　認識・歴史・生

㉚動機理解の限界（早川）　142

㉛同感原理（早川）　146

㉜他者理解（川本）　150

㉝歴史理解（川本）　154

㉞二は一より古い（早川）　158

㉟これでもありあれでもある（浜）　162

㊱集団の拡大と個性の発達（早川）　168

㊲社会圏の交差（早川）　172

㊳量的個人主義と質的個人主義（川本）　176

㊴「より以上の生」と「生より以上」（川本）　180

㊵個性的法則（川本）　184

おわりに（杉本）　188

目　次

ジンメル関連資料一覧　　　　　　　　　　　　　　　　　190

1．ジンメル全集（ドイツ語版，ズーアカンプ社刊，1989〜2015年）

2．ジンメル著作集（白水社刊，初版：1975〜1982年，新装復刊：1994年，2004年）

3．その他の日本語翻訳書（1980年以降に刊行されたもの）

4．ジンメルに関する研究書・テキスト（日本語で1990年代以降に刊行されたもの）

索引　　　　　　　　　　　　　　　　　　　　　　　　193

第 1 部

関係・集団・社会

①社会化としての社会

> 社会がたえず実現されるその活動においてつねに意味するのは，諸個人が相互にあたえあう影響と規定とによって結ばれているということである。それゆえ社会はもともと機能的なあるもの，諸個人がなしまたなされるものであり，その根本性格からすれば社会 Gesellschaft について語るよりも，社会化 Vergesellschaftung について語るべきである。
>
> 『社会学の根本問題』: 13

「社会」のイメージ

　そもそも「社会」とは何だろうか。——この問いには，さまざまな答えがありうるだろう。私は大学で教養科目の社会学を担当しているのだが，1回目の講義の冒頭で，受講生たちに「社会とはどのようなものか。あなたのイメージを図で表してみよう」という課題を出している。すると，十人十色の答えが返ってくる。「社会」と書かれた大きな丸の中に，人を表す記号をいくつか描き入れた回答（図A）もあれば，「企業」「政府」「家庭」などと書かれたいくつかの四角形を線や矢印でつないだ回答（図B）もある。また，ピラミッドのような大きな三角形をいくつかの層に分け，上から「富裕層」「中流」「庶民」などと記入したもの（図C）もある。

　そうした中，比較的多くの学生から寄せられる回答に，人を表す記号をいくつか描いて，それぞれを線で結んだもの（図D）がある。それをもっと具体的に，人びとが助け合ったり，一緒に何かをしたりしている場面を絵に表したものまである。この種の回答は，複数の人びとの関わり合いと

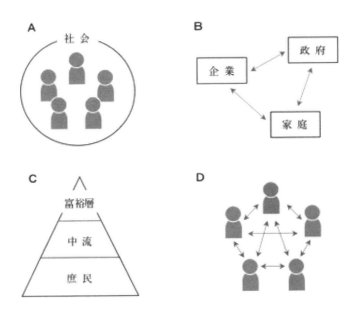

して，社会をイメージしたものといえるだろう。

　ちなみに，societyという外来語に「社会」という訳語を当てたのは，明治時代のジャーナリスト・福地桜痴だとされているが，この訳語が定着する前に，かの福沢諭吉は「人間交際」と訳した。societyとは，人と人との交際だというわけだ。これも，前段落で挙げた社会のイメージに近いといえるだろう。

シンメルの社会観

　さて，ジンメルの社会観も，このようなイメージに近いものだ。複数の個人がバラバラに孤立して存在するだけでは，社会とは言えない。ジンメルは，人びとがお互いに関わり合い，影響し合うことで，社会が形成されると考えた。そして，こうした関わり合いを「相互作用」と呼ぶ。たとえば，

人びとがたがいにまなざしを交わしあい，相互に妬みあい，たがい
　　に手紙を書き交わしたり，あるいは昼食を共にし，またいっさいの具
　　体的な利害のまったくの彼方でたがいに同情して触れあったり，ある
　　いは反感をいだいて接触しあい，利他的な行いにたいする感謝によっ
　　て裂くことのできない結合的な作用が存続したり，ある者が他者に道
　　を尋ねたり，あるいはたがいに着飾って装いをこらしたりすること
　　……。(『社会学』上巻：29)

　このような，日常にありふれた人と人とのあらゆるやりとりが，すべて
相互作用である。そして，この引用文でも「妬み」や「同情」「反感」「感
謝」といった言葉がみられることから察せられるように，相互作用は人間
の感情や意識を伴うものである。その意味で，相互作用は「心的相互作
用」とも呼ばれる。こうしたやりとりによって，人びとの間につながりが
生じるとき，そこに社会が発生する契機がある。これをジンメルは「〈生
まれたばかりの状態〉の社会」と表現している。「人に道を尋ねる」など
の一時的な関わり合いは，その場限りで消滅してしまう儚いものである
が，特定の人びとの間で相互作用が繰り返されるならば，その人たちのつ
ながりは持続的な関係へと成長していくだろう。
　このように，相互作用の反復によって関係が形成されること（すなわち
社会を成り立たせること）をジンメルは「社会化」と呼ぶ。ここで重要なの
は，人びとの間の関係は固定的なものではないということだ。人間関係は
相互作用の繰り返しによって，生成されたり，維持されたり，消滅したり
するもの，つまり動的なものである。
　「社会化」という言葉は，ジンメルが書いたドイツ語の文献では Verge-
sellschaftung となっている。ドイツ語に習熟している方はすでにおわかり
かと思うが，この単語は，「社会」を意味する Gesellschaft という名詞から

第 1 部　関係・集団・社会

派生した語だ。Gesellschaft を動詞にしたものが vergesellschaften, さらに
その語尾を ung に代えて名詞にしたもの（英語で動詞＋ ing が動名詞になるよう
に）が, Vergesellschaftung という。細かい話をしてしまったが, それはこ
の単語に込められた意味合いを伝えたいためだ。つまり, ジンメルのいう
「社会化」とは,「社会」を動詞にしたうえで名詞化したものといえる。「社
会すること」と言い換えてもいいだろう。ただし, 現在の社会学では,「社
会化」という用語はジンメルとは違う意味で使われることが多いので, ご
注意いただきたい。

　ところで, もう一度最初の話（学生たちの社会イメージ）に戻ろう。「企業」
「政府」「家庭」といったものを矢印でつないだ回答（図 B）も, たしかにひ
とつの社会イメージとしてはありうるものだ。社会学を含め, さまざまな
社会科学の中にも, これに近い社会観はみられる。しかしジンメルにとっ
ては, それらの「大きな制度や超個人的な組織」といえども, より微視的
に見れば, あくまでも人びとの絶え間ない相互作用によって成り立ってい
るものであり, そうした人びとの相互作用がいわば「結晶化」したものに
ほかならない。結晶化の結果, さまざまな制度や組織といったものが, 本
来の担い手であった人びとの手を離れて, 独自の原理をもった独自の存在
として感じられるようにもなる。そしてそれらが逆に人びとを拘束するよ
うになるのである。

　このようにジンメルは, とかく固定した実体のようなものとして捉えら
れがちな「社会」を, 人びとの間の絶え間ない相互作用によって生成・変
化する, 動的な過程（つまり「社会化」）として捉え直したのである。

社会化の形式

　以上のような社会観にもとづいて, ジンメルは独自の社会学を展開し
た。彼は, 社会化のあり方を研究する学問として,「形式社会学」（晩年には
「純粋社会学」とも言い換えられる）というものを提唱した。それはいったいど

のような学問なのか。

　人びとの間の社会化という現象を、二つの側面に分けて捉えることができる。一つは、人びとがどのような目的・関心から、他者と関わり合うのかという観点である。たとえば経済的利益や政治的目的、宗教的信仰心といったものがそれに当たる。もう一つの観点は、人びとが他者とどのように関係し合って、それらの目的・関心を満たすのかという観点である。たとえば上下関係や競争、模倣、分業、党派形成などが挙げられる。

　これら二つの側面のうち、前者すなわち社会化の目的・関心を「社会化の内容」と呼び、後者すなわち社会化のあり方を「社会化の形式」と呼んだ。もちろん実際には内容と形式は不可分だが、分析的なまなざしによって区分することが可能である。たとえば企業や政党、宗教団体、サークルなどの集団は、それぞれ異なる目的・関心（社会化の内容）のために結成されたものであるが、いずれの集団にも共通して、上下関係や分業、競争などといった社会関係（社会化の形式）が見られる。まさにこれらの社会化の形式を抽出し、社会学の対象にしようというのが、ジンメルの形式社会学である。

参照文献
ジンメル，G.，『社会学の根本問題』(居安正訳，世界思想社，2004年)
―――――，『社会学』上巻（居安正訳，白水社，1994年）

〔杉本　学〕

②相互作用と個人

> 個人とは社会的な糸がたがいに結び合う場所にすぎず，人格とはこの結合の生じる特別な様式にほかならない。
>
> 『社会学』上巻：12

個人はアトムか

　ジンメルは社会を，人びとの間の絶え間ない相互作用によって形成されるものとして捉えた（→①社会化としての社会）。この見方は，とかく固定的な実体として捉えられがちな社会を，それを構成する諸個人の関係へと解きほぐしたものといえるだろう。

　ジンメルに先だって，社会と個人の関係について，二つの対立する見方があった。一方は，「社会というものは実在しない。実在するのは諸個人だけで，社会とは諸個人の集合につけた名前にすぎない」という見方であり，「社会名目論」と呼ばれる。もう一方は，「個人をたくさん集めても，社会にはならない。社会は個人とは別にそれ自体で実在するものだ」という見方であり，「社会実在論」と呼ばれる。

　では，ジンメルの立場はどうだろうか。ジンメルは両方の見方を否定する。社会とは，諸個人のたんなる寄せ集めではない。かといって，諸個人とまったく独立に存在するものでもない。諸個人の間に相互作用が繰り返されることで成り立つ「関係」こそが社会なのだ，というのがジンメルの見解である。ちなみに，一般の事典などには社会名目論の中にジンメルの立場を含めている記述もみられるが，厳密には，いま述べたようにジンメルは社会名目論者とはいえない。

さて，ここからもう一歩踏み込んで考えてみよう。社会が諸個人の間の相互作用によって成り立つというのなら，「はじめに個人ありき」ということになりそうだ。はたして社会を形成する個人は，固定的な実体とみなして良いのだろうか。

　ジンメルによれば，それは違う。彼はつぎのように述べている。「個人もけっして究極の要素，人間世界の『アトム』ではない」(『社会学の根本問題』: 7)。「個人もまたさらに分析を進めれば，個々の性質と運命と能力と歴史的な由来からの合成物とみなされるはずで」ある (『社会学』上巻: 8)。つまり，社会にとって個人が要素であるように，その個人もまた，さまざまな要素による構成物なのである。

　たしかに，そもそも「個人」を表す individual という言葉は，もともと in-dividual，つまり「(これ以上) 分割できない」という意味である。その語感からすると，個人はまさしく「原子＝アトム」(これも「分割できないもの」という意味のギリシャ語 atomos に由来する) のようなものと考えるのも無理はない。しかし実際には，「一人の人」としての個人は，身体的にも精神的にもさまざまな要素の複合体として存在しているのではないか (→㉟これでもありあれでもある)。

関係論的な人間観

　では，そのような個人と他者，そして社会はどのような関係にあるのだろうか。とかくわれわれは，「まず一人一人の独立した個人が存在し，それらがある目的のために相互作用しながら社会関係を形成する」というイメージをもってしまいがちだが，そう単純なものではない。一人一人の個人もまた，他者との相互作用なしには存在しない。そのことを表したのが，冒頭の引用文である。ここでは個人を，「社会的な糸がたがいに結び合う場所」と隠喩的に表現している。それを比喩なしで言い換えると，「人間は他の人間と相互作用して生きており，したがって彼は全本質とすべて

の表現とにおいて，そのことに規定されている」（『社会学』上巻：13）ということになる。

　この考え方は，マルクスの有名な命題とも通底するように思われる。マルクスは『フォイエルバッハに関するテーゼ』の中で，「人間の本質」という抽象的なものが諸個人に内在するのではなく，現実には人間の本質は「社会的諸関係のアンサンブルである」と述べた。もちろん，ジンメルとマルクスの言っていることはまったく同じではないが，ここでは大まかな共通性があることだけを指摘しておきたい。

　ともあれ，われわれ人間は，さまざまな他者との関係の中で，現にいまあるような人間になっているわけである。そして，他者との関係はそのつど変化するものであり，その変化に応じてわれわれが何者なのかも変化する。ジンメルは次のように言う。

　　　全体としての人間は，諸内容と諸能力と諸可能性とのいわばまだ形成されていない複合体であり，そこで彼は変化する生活の動機づけと関係づけとにしたがって，そこから分化して限界の確定した構成体へ形成される。彼は経済的人間として，政治的人間として，家族構成員として，ある職業の代表者として，いわばそのつど〈このために〉構成された労作であ［る］。（『社会学の根本問題』：67）

　前の項目と本項目から，ジンメルが徹底して「関係」にこだわったことがわかるだろう。社会についても個人についても，始めから実体的・固定的なものとみなすのではなく，まず関係主義的に捉えることから出発する。そこにジンメルの思考の大きな特徴がある。

　ただし，最後に一言つけ加えておかなくてはならない。たしかにジンメルは，社会と個人の両方を，相互作用という観点から関係主義的に捉えることから出発した。とはいえ現実には，相互作用の結果として社会があた

かも固定的な実体であるかのように感じられることがあるし，また，個人が他者や社会から独立した存在であると見なされるような傾向も，とくに近代において顕著になってきた。そういったこともジンメルは認めており，それ自体も彼の考察の視野に入っている。

参照文献

ジンメル，G.，『社会学の根本問題』(居安正訳，世界思想社，2004年)

───，『社会学』上巻（居安正訳，白水社，1994年）

マルクス，K.，「フォイエルバッハにかんするテーゼ」，エンゲルス，F.，『フォイエルバッハ論』(松村一人訳，岩波文庫，1960年)

〔杉本　学〕

③社会の３つのアプリオリ

(1)われわれはあらゆる人間を，……彼のすべての独自性とならんで一般的なカテゴリーのもとで考える。　　　　『社会学』上巻：44

(2)集団のそれぞれの要素はたんに社会部分であるにとどまらず，そのうえになお何ものかである……個人がある側面では社会の要素でないということが，彼が彼の本質の他の側面では社会の要素であることの積極的な条件をなす。　　　　　　　　　　　同：46

(3)それぞれの個人は彼の性質によっておのずと一定の場所を，彼の社会的な環境のなかに指定されている。……このことは個人が彼の社会的な生活をいとなむための前提であり，そしてこれが人間を個性の一般的価値として示すことができる。　　　同：54

３つのアプリオリな条件

　前の項目ですでに述べたように，ジンメルによれば，社会は人びとが相互作用しながら構成している。人びとが相互作用によって社会を構成する際に前提としている，アプリオリな（経験に先立って与えられている）条件を，ジンメルは３つ挙げている。それらが，引用文の(1)，(2)，(3)である。

　まず(1)は，他者認識に関わるものである。われわれが相互作用する相手は，さまざまな面で他の誰とも違う独自の特徴，つまり個性をもっている。それぞれ固有の名前をもち，他の人と違った顔や体つきをしていて，人柄も一人ひとり異なる。しかし，相互作用をする際に，そのような個性

をすべて把握できるわけではないし，またその必要もない。われわれは，一人の人を丸ごと認識するのではなく，何らかの一般的なカテゴリーによって類型化して認識する。われわれは他者を，たとえば「会社員」とか「公務員」，「医者」，「教師」として，あるいは同じ職場の「同僚」や部活の「先輩」「後輩」として捉え，そのことを通じて，お互いを社会の構成要素として認めあっているのである。

　とはいえ，自分も他者も，そうした社会的カテゴリーにのみ納まりきる存在ではない。そのことを表したのが(2)である。たとえば，ある会社に勤めているＡさんは，その会社の「従業員」というカテゴリーのもとで，会社の構成要素として認められている。しかし，会社の従業員としての顔は，Ａさんという人の一面でしかない。Ａさんはそれ以外に，さまざまな顔をもっている。何らかの趣味をもっているかもしれないし，家庭生活や友達とのつき合いもあるだろう。そういったプライベートな面は，会社の構成要素ではない，すなわち「社会外」の側面にほかならない。しかし会社は，従業員が誰しもそういった「社会外」の部分をもっていることを知っており，それを前提にしているはずである（極端な長時間労働を強いる会社では，この前提が蔑ろにされているかもしれないが）。同じことは，さまざまな関係について言える。趣味を共にする交友関係や，地域のボランティア団体にとって，メンバーの職業や家族関係などは「社会外」の側面である。このように，われわれはお互いに，この「社会外」的な側面を多かれ少なかれ認めながら関わりあっている。時には，社会内の役割からはみ出した個性的な部分に，関心をもつこともあるだろう。各個人の「社会外」的な側面は，社会にとって無関係なのではなく，まさに人びとが社会の構成要素であることの前提条件なのである。

　最後に(3)は，それぞれの個人は自らの個性にふさわしい一定の場所を，社会の中に用意されているというものだ。言いかえれば，個人の個性と社会全体における地位とが調和するという前提である。たとえば，社会の中

第1部　関係・集団・社会

に用意されている職業は，誰がそれに就くかとは無関係に存在するが，たいていの人はそうした既存の職業の中から，いずれかを自分の「適性」にもとづいて選ぶだろう。「自分に合う職業を探す」ということは，そのような職業がどこかに存在することを前提にしている。そして選択の結果，「これこそ私の天職だ」とさえ思える幸いな人もいる一方，「この仕事は自分に向いていない」と感じる人もいるだろう。おそらく多くの場合は，両者の中間の「ほどほど」調和している状態ではないだろうか。いずれの場合も，やはり個性と職業とは調和するはずだという前提があるのではないか。職業だけではない。われわれはさまざまな集団に参加し，それぞれの中で特定の地位につく。その際，あらかじめ「自分の居場所など，どこにもないはずだ」と思っていては，実際にどこにも参加できないだろう。そのような意味で，(3)のアプリオリは「個人にとっては，社会に所属することの基礎と『可能性』とを意味する」のである（『社会学』上巻：54）（→㉒社会学的美学）。

３つの間の関係

　ところで，以上３つのアプリオリな条件は，互いにどのような関係にあるのだろうか。人はそれぞれ，さまざまな面で他とは異なる特徴をもっているが，社会関係ではお互いの個性をすべて把握するのではなく，相手を何らかのカテゴリーによって類型化して認識している（アプリオリ(1)）。しかし，そのカテゴリーがその人のすべてではなく，一面にすぎないことを承知している。そして，社会的カテゴリーに完全に収まりきらない「社会外」の側面をもっていることを前提にして，社会関係が成り立つ（アプリオリ(2)）。さらに，社会的カテゴリーと一人一人の個性とは，完全に矛盾するわけでも無関係でもなく，きっと調和するはずだということを前提に，われわれは社会に所属してその中で一定の位置を占めているのである（アプリオリ(3)）。こう整理してみると，３つのアプリオリは，非人格的な社

会的カテゴリーと，そこからはみ出す個性的な人格とが，分離しつつも調和しているという有り様を表しているように思われる。

参照文献
ジンメル，G.，『社会学』上巻（居安正訳，白水社，1994年）

〔杉本　学〕

④闘争と競争

> 　集団の外部にある勢力にたいする闘争は，集団にその統一と，集団を毅然として保持する必要とをきわめて徹底的に意識させる。……第三者に対する共通の敵対が，あらゆる状況のもとで結合的に作用し，しかも第三者への共通の友好的な関係よりも，はるかに確実にそのように作用する。　　　　　　『社会学』下巻：213

> 　現代の競争は万人に対する万人の闘争と特徴づけられるが，しかしそれは同時に万人のための万人の闘争でもある。
> 　　　　　　　　　　　　　　　　　　　　　　『社会学』上巻：300

社会関係における闘争

　社会関係というと，とかく協調的な関係を思い浮かべ，「争い」や「反発」といった対立的な相互作用は，社会関係にとって否定的なマイナスの要因と考えがちだ。ところがジンメルは，そうした対立的な関係をも，社会を形成する重要な要因とみなす。もちろん，完全に相手を滅ぼそうとするような戦いは，社会関係を破壊するものだ。また，喧嘩をきっかけに完全に関係が途切れてしまう場合もあるだろう。しかし，実際に社会で発生する闘争の中には，社会関係の維持を前提として，その範囲内でおこなわれるものも多い。

　このようにジンメルが対立的な相互作用をも社会を形成する要因と考える背景には，人間の感情に対する次のような洞察がある。

宇宙がひとつの形式をもつためには「愛情と憎悪」，牽引力と反発力を必要とするように，社会もまた一定の形態に達するためには，調和と不調和，結合と競争，好意と悪意のなにほどかの量的な割合を必要とする。(『社会学』上巻：264)

　われわれ人間は，「愛憎相半ばする」というように，相反する感情が同居することがしばしばあり，それがお互いの間にさまざまの関係を生み出すのである。

　日常生活を振り返ってみても思い当たるとおり，われわれの社会関係は，いつも融和ムードというわけにはいかない。ときには利害が対立したり，意見が食い違ったりして，軋轢が生じることがしばしばある。しかしそういった軋轢も，社会関係を解体するというよりは，活性化したり，ある方向に変化させたりする力になりうるのではないだろうか。

　たとえば労使間の紛争にしても，実際にわれわれの社会で起こるものの多くは，労働者が資本家を打ち負かすことを目指したものではない。労働者は賃金や労働条件に関する要求を掲げて，一時的に使用者と対抗的な関係になるだけである。そして，そのような労使間の対抗的な関係が繰り返されてきた結果として，労働者の待遇が改善されてきたといえる。

　また，人種差別や性差別などの問題も，それまで従属的な地位にいた人びとが立ち上がって，従来あたりまえのものとして続いてきた慣習的な社会関係（人種分離や性別分業など）に意を唱え，あえて「波風を立て」た結果として，差別的な関係が徐々に改善されてきた（たしかに現在も問題はあるが）。それらの社会運動の多くは，相手を打倒することが目的ではなく，むしろより望ましい関係を求めたものである。

外部への敵対と内部の結束
　さて，冒頭の引用は，闘争のさまざまな機能の一つについて述べたもの

である。一言でまとめるなら，集団内部の結束は，その外部の第三者と敵対関係にあるときにとくに強まる，ということだ。

たしかに，われわれにも思い当たる例は枚挙にいとまがない。たとえば学校生活で，普段はバラバラなクラス員たちが，クラス対抗の球技大会や合唱コンクールの際には，結束が強くなった経験はないだろうか。また，自校の運動部の対外試合を応援するとき，自校の仲間意識を強く感じたりもする。そしてオリンピックなどの際には，自国の代表選手の活躍に注目し，国民としての意識を強く感じるのではないだろうか。

もっと極端なのは，戦争である。平時にはあまり国を意識することはなく生活している国民も，いざ戦争となれば敵国に対する自国の団結を強める必要を感じる。あるいは平時においてさえ，愛国心はしばしば他国への蔑視や敵対心と表裏一体になって表れる。そして国の指導者がこの原理を利用し，国民の求心力を維持する手段として，特定の国を仮想敵として国民に意識させることがある。

ではなぜ，第三者との敵対が集団内部の結束を強めるのか。冒頭の引用の後でジンメルが語っていることがヒントになるだろう。

　　　あたかもわれわれ人間にとっては，その全ての精神的な本質が区別感覚にもとづいているため，統一感を認められるようにし，さらに活動的とするためには，それとならんでつねに分離感も存在しなければならないかのように思われる。（『社会学』下巻：213）

これはおそらく，集団の内部／外部の境界に対する認識と関係するだろう。ジンメルも他のところで語っていることだが，われわれは，空間を何らかの境界によって隔てることにより，その内側を統一されたものと感じる。集団も，必ずしも物理的な境界によって隔てられているわけではないが，内部／外部の境界によって区切られている。普段は境界の内側だけで

相互作用しているため，境界それ自体を意識することは少ないが，ひとたび外部の者が「敵」として現れると，境界を強烈に意識せざるをえない。なぜなら，「内部＝味方」「外部＝敵」というように，境界の内部／外部が正反対の意味をもつからである。こうして，外部との対立が内部の統一を強く意識させるのではないだろうか。

社会化の形式としての競争

　競争も，社会のさまざまな領域で見られる社会関係である。アスリートたちは，互いに競技の成績を競い合うライバル関係にある。自由市場経済の下では，企業同士が利益を求めて競争している。選挙の時には各候補者や政党が，多くの票を獲得しようと競い合っている。難関大学に進学するためには，「受験競争」を勝ち抜かなくてはならない。このように競争は，さまざまな目的・関心の違いにかかわらず共通して見られる「社会化の形式」（→①社会化としての社会）の一種である。

　ジンメルは『社会学』の「闘争」と題する章の中で競争について扱っているが，競争は闘争のうちのかなり特殊な形態だといえる。それというのも一般的な闘争は，お互いが向かい合って相手を攻撃し合う（つまり「対戦」する）という形だが，それに対して競争は，直接相手に向かい合うわけではなく，共通の目標・目的に向かって各々が「並行的な努力」をすることによって成立するからである。

　競うことは，とりもなおさずお互いが相手に秀でるために努力することであり，その結果，お互いが向上するばかりでなく，社会にも有益なものを生み出すことがしばしばある。たとえば，陸上競技などでトップアスリート同士が接戦を繰り広げた結果，新記録が生まれることがある。また企業間の競争によって，より良い商品が開発されたり，価格が低減したりする。このように競争は，双方の主観的な目標や動機（競争相手に勝ちたい）を超えて，客観的な価値の実現をもたらすのである。これが社会にとって

競争の一つの大きな意義と言えるだろう。

競争がとり結ぶ関係

しかし，それ以上にジンメルが注目したのは，「競争の社会化的な力」（『社会学』上巻：302）すなわち人びとを互いに結びつける力である。冒頭の引用文は，このことを印象的に表現した一節である。「万人に対する万人の闘争」とは，社会契約説で知られる17世紀の哲学者ホッブズの有名な言葉であり，人間はそもそも利己的であるから，自然状態（社会契約以前の状態）においては互いに敵同士として争い合うはずだ，ということを表したものである。これをもじってジンメルは競争を「万人のための万人の闘争」と特徴づける。利益拡大をめぐる企業間の競争は，消費者のための競争である。また，議席獲得をめぐる政党間の競争は，有権者の支持を得るための競争である。さらに恋敵との競争は，共通に思いを寄せる一人と結ばれるための競争である。これらの競争は，共通の第三者との関係を志向したものにほかならない。

もちろん，競争にも数々のデメリットがあることは，ジンメルも承知している。たとえば，より積極的な仕事に注ぐべき力が競争のために消耗されてしまう可能性がある。また，ある程度価値のある業績でも，競争に負ければ社会的に利用されることなく水の泡となってしまう——たとえば，かつての家庭用ビデオをめぐる VHS とベータの対立のような，規格をめぐる争いがその典型である。

しかしその代償を払っても，競争には人びとを結び合わせるという積極的な意義があると，ジンメルは主張する。

　　すなわち社会における競争は，それでも人間をめぐる競争であり，喝采と消費をめぐる格闘，あらゆる種類の譲歩と献身とのための格闘，多数者のための少数者の格闘，ならびに少数者のための多数者の

格闘であって，要するに同胞の意欲と感情と思惟へ意識を集中し，供給者が需要者に適応し，取引と愛顧を得る可能性を抜け目なくふやすことによって，社会学的な無数の糸を織りあわせることである。(『社会学』上巻：301)

とりわけ，狭い範囲で人びとが密接に結びついていた社会から，範囲が拡大して個人が互いに分離して生活を営む社会へと発展してきたのに伴って，人びとをつなぎ合わせることはますます「競争という代償を払ってのみ可能となるように思われる」(同：301) と，ジンメルはみている。

ところで，このような第三者をめぐる競争は，まさに第三者の心をめぐって争われる。「人間にとってもっとも価値ある客体は，直接的にも間接的にも人間である」(同：302) が，その人間を（奴隷のように）物理的に占有することができないならば，人間の「心」を掴むしかない。第三者の心をめぐる競争は，単に競争相手に勝てば良いというものでもない。たとえば，同じ人に思いを寄せる恋敵を追い払うことに成功したとしても，肝心の意中の相手が自分に振り向いてくれなければ，そもそもの目的を遂げたことにはならないだろう。また，選挙において対立候補に対するネガティブ・キャンペーンをしても，そのことがかえって有権者の心証を悪くしてしまう場合もある。だとすれば，競争の真の「相手」とは，競争相手のことではなく，むしろ競争の目的である第三者なのかもしれない。

かくして現代社会において，われわれはさまざまな場面で他者の心を獲得するために競争関係に入り，そのことを通じて他者と結び合わされるのである。

参照文献
ジンメル，G.,『社会学』上巻・下巻（居安正訳，白水社，1994年）

〔杉本　学〕

⑤社交

> 社交的な社会のみが，まさに掛け値なしの「社会」である。な
> ぜなら社交的な社会は，……すべての特殊な内容を原理的にこえ
> た純粋な形式を，すべての内容を形式という純粋な遊戯のなかに
> 解消するいわば抽象的な表象を示すからである。
>
> 　　　　　　　　　　　　　　　　　　　『社会学の根本問題』：64

「社会化の純粋形式」としての社交

　ジンメルの社会学は，「形式社会学」という名前で知られている。晩年の著作『社会学の根本問題』では，形式社会学（「純粋社会学」とも言い換えられている）と並んで，「一般社会学」と「哲学的社会学」という部門が挙げられているが（→⑮社会的水準），ここでは形式社会学に話を絞ろう。

　ジンメルの形式社会学は，「社会化の形式」というものを対象とする社会学である。社会化とは，簡単に言えば人びとが相互作用して社会関係を形成することを表す。人びとの相互作用によって織り成すさまざまな関係が，社会を社会として成り立たせている——それがジンメルの基本的な考えである。

　そしてこの社会化は，分析的なまなざしによって「内容」と「形式」という二つの側面に区分される。われわれは何らかの目的・関心（たとえば経済的利益の追求）のために，他の人と相互作用して関係を築く。しかしジンメルは，そのような目的・関心（何のための社会関係か）とは別に，社会関係のあり方（どのような社会関係か）それ自体を考察の対象にしようと考えた。このとき，社会化の目的・関心を「社会化の内容」と呼ぶのに対

し，社会関係のあり方を，「社会化の形式」と呼ぶ。たとえば企業や政党，宗教団体，サークルなどの集団は，それぞれ異なる目的・関心（社会化の内容）のために結成されたものであるが，いずれの集団にも共通して，上下関係や役割分担，競争などといった社会関係（社会化の形式）が見られる。まさにこれらの社会化の形式を社会学の対象にしようというのが，ジンメルの形式社会学である。（→①社会化としての社会）

　いま述べてきたように，社会化（すなわち社会関係形成）はたいてい，ある目的や関心のためにおこなわれる。だが，われわれはしばしば人との関わりそれ自体に，喜びや愉しみを感じることはないだろうか。親しい人（または親しくなりたい人）と食事やお茶をしに行ったり酒を飲みに行ったりするのは何のためか。酒を飲むことやコーヒーを飲むことが目的ではなく，とりとめのない（それこそ目的のない）会話をして親交を深めるためだろう。このような場合，社会化それ自体が目的ということになる。

　社会化それ自体を目的とした社会化──その典型的な姿を，ジンメルは社交の世界に見いだした。社会化それ自体が目的ということは，社会化の内容は社会化そのものということになるから，そこにはもはや社会化の形式と内容の区分はない。社交は，社会化それ自体を内容とする社会化の形式なのである。そして，社会化以外のものが含まれないという意味で，「純粋な」社会化の形式といえる。

　冒頭の引用文で，「遊戯」という表現が使われているのにも，含意がある。遊戯すなわち遊びは，何かの目的のためにおこなうわけではなく，純粋にそれ自体を楽しむものだ。ときには「知能の発達のため」とか「ストレス解消のため」といった理由づけをされることもあるが，それはあくまでも結果として期待される効果なのであって，そのために遊ぶというのは邪道だろうし，遊んでいるときに本人はそんなことを意識しないだろう。そのような意味で，社交は社会化それ自体を楽しむ遊戯だといえる。ジンメルはまた，社交を「芸術形態」とも表現しているが，芸術もまた何か他

の目的のためのものでなく，それ自身に審美的な価値がある。

社交をめぐる作法

　社交が「社会化のための社会化」としての純粋性を確保するためには，参加者には独特のマナーが求められる。社交の場には，「個人の富と社会的地位，学識と名声，特別の能力と功績」といった，この集まりの外部でのみ意味をもつような客観的なものも，「まったくの個人的な気分と不機嫌，興奮と意気消沈，最奥の生活の明るさと暗さ」といった私的で主観的なものも，持ち込んではならない。「彼らが会合を客観的な内容と目的とにもとづかせる瞬間にも，また個人のまったく個人的で主観的なものが遠慮なく現れる瞬間にも，社交はもう中心的で形成的な原理ではなく」なってしまう（『社会学の根本問題』：68）。

　このように個人的なもの（主観的であるにせよ，客観的であるにせよ）を排除して，参加者たちはあたかもお互いを対等な人間として敬意をもっているかのように振る舞う。お互いが純粋に関係を楽しむためには，誰かが一方的に利益を得たり，上位に立ったりすべきではない。あくまでも民主的な関係（ジンメルは「演じられた民主主義」と呼ぶ）を人工的に作り出すのである。

　また，男女の関係についても一定の様式美がある。ジンメルは，社交の場において男性を魅了する女性の態度を「コケットリー」として分析する。コケットリーは「媚態」とも訳されるが，むしろ英語のコケティッシュ（coquettish）という形容詞のほうが，馴染みがあるだろうか。社交の場で，本気で恋愛するのは野暮である。かといって，性愛の魅力がまったくないのも味気ない。そんな中で注目を浴びる「コケットな」女性とは，男性に気を持たせつつも，言い寄る男性を受け入れはしない——そんな女性である。イエスとノー（承諾と拒否）の間を揺れ動く女性の態度が，男性たちを惹きつける。手に届きそうで届かないという状態こそが，魅力を最大

限に引き立てるからである。ただし，社交の場ではそれもあくまで遊戯である。女性はそうやって男性を惹きつけてみせ，男性も女性に惹きつけられてみせる（→㉞二は一よりも古い）。

　とはいえ，そのように世間での社会的地位とか，個々人の私生活とかいったものを一切排した，たわいない社交辞令のやりとりだけでは，社交は退屈で軽薄な，虚しいものにもなってしまうだろう。そうならないためには，お互いの会話や振る舞いの中に，実生活のリアリティが暗示されることも必要である。先ほどのコケットリーをめぐる男女の駆け引きにしても，実際の恋愛感情と切り離された単なる演技ではないだろう。生の現実と，洗練された形式——その微妙なバランスの上に社交が成り立ったとき，社交は単なる空虚な儀式ではなく，まさに人間関係の奥深い魅力を味わう芸術となるのだ。

参照文献
ジンメル，G.，『社会学の根本問題』(居安正訳，世界思想社，2004年)

〔杉本　学〕

⑥秘密

> 秘密は，公然たる世界と並ぶ第二の世界のいわば可能性をあた
> え，そしてその公然たる世界は，この第二の世界によってきわめ
> て強く影響される。　　　　　　　　　　　『社会学』上巻：371

相互作用における秘密

　突然だが，あなたは身の回りの人たちのことを，どの程度詳しく知って
いるだろうか。そしてもう一つ，あなたは自分のことを，周りの人たちに
どの程度知ってもらいたい（あるいは知られたくない）だろうか。本項目の論
点は，そのような問いに関わるものである。

　われわれが他者と関わるとき，相手のことをまったく知らずに関わる
ことはほとんどない。たとえば飲食店に入ったとき，「いらっしゃいませ」
と言って水やメニューを持ってきた人が「店員」で，その人が注文を受け
てくれることを知っているから，その人に注文を伝える。また，交番にい
るあの制服を着た人が「警察官」で，落し物を預かる業務をしてくれると
知っているから，財布を拾ったら持って行くのである。そして商取引をす
る際には，売る側は相手ができるだけ安く買いたいということを知ってい
るし，買う側は相手ができるだり高く売りたいということを知っている。

　もちろん他者に対する知識は，必ずしもつねに正しいとは限らない。も
しかしたら自分がもっている先入観かもしれないし，相手が偽っているの
かもしれない。しかしともかくわれわれは相手についての何がしかの知識
を頼りに，他者と関わり合うのである。

　ところがその一方で，われわれは他者のすべてを知っているわけではな

いのも事実である。もっと言えば，他者のすべてを完全に知ることなど，そもそも不可能である。それは自分ともっとも親しい人についてさえ言えるだろう。お互いが相手にすべてを晒していないこと——それがあらゆる相互作用の前提条件となっている。ジンメルの「秘密」に関する議論は，そこから出発する（→⑦信頼）。

　われわれはお互いに，自分についての情報をあえて隠すことがある。それが「秘密」というわけだが，「二人の人間あるいは二つの集団の間のあらゆる関係は，そこに秘密が存在するか否か，さらに秘密がどれほど存在するかによって性格づけられる」（『社会学』上巻：371）。秘密には，お互いの間に一定の距離を設ける働きがある。あるいは，その距離によって秘密の度合いが変化するというべきかもしれない。

　ジンメルによれば，知人関係（親密な友人とは違って，知り合ってはいるが互いに外面的にしか知らない関係）においては，他者の秘密に対する「配慮」が重要である。ここでいう配慮はすなわち，相手が意図的に隠そうとしている事柄だけでなく，その人が自ら積極的に明らかにしていない事柄すべてについて，あえて知ろうとしないという態度である。人はそれぞれ精神的な領域（テリトリー）をもっていて，他人がそこに侵入することは，その人の名誉を傷つけることになる。相手のことをむやみに詮索しないことは，お互いの領域を侵さないように距離を保つことを意味するのである。

　では，ごく親しい間柄の場合はどうだろうか。たとえば愛し合う男女を例に考えると，最初はお互いに相手のことをもっと知りたいと望み，相手と同化し合うことを求める。だが，これが夫婦となってしばらく共同生活が続くと，お互いに相手のことを知りすぎて，二人の関係は「魅力のない陳腐な慣れへ，もはや驚きのいかなる余地もない自明へと堕落する」（同：370）といったことは，よくある話ではないか。このように，われわれは親密な関係において，お互いに無制限の自己開示を求めてしまいがちだが，それはかえって，関係がもたらす魅力を枯渇させてしまうことにつな

がる。だから親密な関係においても，相手の秘密に対する「配慮」が（知人関係ほどではないにせよ）ある程度は必要だ——ジンメルはそう忠告しているのである。

秘密の魅力

　秘密には，つねに独特の魅力が備わっている。自分が何らかの極秘情報を握っているといった状況を想定してみてほしい。そのような場合，秘密の魅力の一つは，他者が知らないことを知っているという優越感である。ジンメルは，秘密を所有物にたとえて次のように語る。ある所有物が真の意義を獲得するのは，自分がそれを持っているということよりも，他者が持っていないことを意識するときである。価値の大きい物ほど排他的であることから，逆に多くの人が持っていないものは何か価値があるに違いないと思う心理がある。それと同様に，より深く重要な事柄はたいてい隠されているということから，逆に秘密に満ちたものはすべてなにか本質的で重要なものであるという錯覚が生じるのである。こうして，秘密をもっていること自体が，その内容の重要さとは別に，人格に特権的な地位を与えるのである。もちろん，その秘密の内容が重要なものであれば，なおさらである。

　それと反対に，漏洩への魅惑もある。「秘密は緊張を含んでおり，この緊張は秘密が明らかにされた瞬間に解消される」。この瞬間，「秘密のすべての魅惑はなおいま一度そこに集まり，そこで絶頂に達することとなる」（『社会学』上巻：374）。これは浪費の魅力にたとえられる。「すなわち貨幣所有によってあたえられた力の感情は，浪費者の心にとっては，彼がこの力を手放す瞬間にもっとも完全に，もっとも喜ばしく集中する」（同頁）。

　自分が何らかの秘密を握っているという状況では誰しも，皆が知らないことを自分だけが知っているという優越感と同時に，それを他者に言いたくてうずうずする感情に囚われるに違いない。しかし，その秘密を暴露し

た場合，どうなるだろうか。その瞬間には，優越感や緊張からの解放感は最高潮に達するだろう。しかし，そうして得意げに秘密を暴露してしまった後は，後悔や自責の念に襲われることもしばしばある。

秘密と近代社会

　ジンメルによれば，このような秘密は，近代の，とりわけ大都市における生活と密接な関わりがある。前近代社会では，生活のすべてが一つの小さな共同体の中で共同で営まれているため，自分についての情報の隠し場所がほとんどなく，多くのことが周りの人に共有されるし，またそれが当然とされてきた。それと比べて，近代社会や大都市におけるわれわれの生活は，多くの他者と関わる公的な領域と，私生活の領域とに分かれている。そのことは，われわれ一人一人が，公的な場面（たとえば職場）において見せる自分と，私的な場面での自分を区別して，公的な場面で自分の私的な情報を秘密にすることを意味する。このように秘密は「第一級の個人主義化の契機である」（『社会学』上巻：375）。

　また近代社会では，私的な領域が秘密になるのと対照的に，公的な領域（たとえば政治）には逆に情報の公開が求められるようになった。ジンメルの時代にはまだ「知る権利」という概念はなかったものの，それでもすでに民主的な国ぐにでは，政府は国民に，国家についてのさまざまな情報を公開するようになっていた。このように，「公共の要件はますます公然となり，個人の要件はますます秘密になる」（同：376）のが近代社会である。

　それでは，ジンメルの時代から1世紀を隔てた現在のわれわれの社会はどうか。インターネットの利用が拡大した現代社会では，秘密が絶えず危機に晒されている。われわれが行政機関や企業などに登録している個人情報が，いつのまにか漏洩している場合がある。また，SNS（ソーシャル・ネットワーキング・サービス）の利用などによって，個人情報を他人が勝手に漏洩してしまうということも起こりうる。しかもインターネット上では，ひ

とたび公開された情報は，たちまち広範囲に拡散してしまう。現代社会に生きるわれわれは，何をどこまで秘密にし，何をどこまでオープンにするかということに，細心の注意を払う必要に迫られている。そして国家も，個人情報を保護するための法整備を進めている。こうして，現代社会において秘密はますます重要な意味をもっていると言えるかもしれない。

参照文献
ジンメル，G.，『社会学』上巻・下巻（居安正訳，白水社，1994年）

〔杉本　学〕

⑦信頼

> 　信頼は，実際の行動の基礎となるほどに十分に確実な将来の行動の仮説として，まさに仮説として人間についての知識と無知とのあいだの中間状態なのである。完全に知っている者は信頼する必要はないであろうし，完全に知らない者は合理的にはけっして信頼することができない。
>
> 　　　　　　　　　　　　　　　　　　　　　　『社会学』上巻：359

知識

　ジンメルは「多くの諸個人が相互作用に入るとき，そこに社会は存在する」(『社会学』上巻：15) と述べた。私たちは毎日，挨拶を交わしたり，手紙を書いたり，電話で話したり，メールのやりとりをしたり，名刺の交換をしたり，礼を述べたり，なにか頼んだり，尋ねたり，見つめ合ったり，手をつないだり，いっしょに食事をしたり，助け合ったり，けんかしたり，物を買ったり売ったり……などなど，無数の相互作用を営んでいる。そして社会とはこれらの無数の相互作用から成り立っている。

　それではこれらの相互作用はいかにして可能となっているのだろうか。ジンメルは相互作用が可能となるための条件を三つ挙げている。

　第一の条件は相手についての知識である。「人間相互のすべての関係は，彼らがおたがいについて何ごとかを知りあっているということにもとづいている」(同：350)。これは当たり前だろう。私たちは関係を取り結ぼうとすれば相手についてなんらかの知識を持っていなければならない。まったく知らない初対面の人であっても，私たちは外見や服装から，性別・年齢・職業 (「学生風」「サラリーマン風」など)・経済的状況，日本語を解するか

どうか，「親切そう」「ヤバそう」など，さまざまな知識を得ている。誰かにカメラのシャッターを押してもらおうとするとき，私たちはでたらめに頼んでいるのではない。これらの知識と経験にもとづいて引き受けてくれそうな人を選んで頼んでいるはずである。

無知

　ジンメルが二番目の条件として挙げているのは相手についての無知である。これは少し意外かもしれない。「いやしくも関係が存在するばあい，関係はまた同じように一定の無知をも前提とし……ある程度の相互の隠蔽をも前提とする」(『社会学』上巻：358)。つまり，相手についてなにごとかは知っていなければならないけれども，完全に知っていてはいけない，知らない部分もなければならない，場合によっては秘密も必要と言うのである（→⑥「秘密」）。相手についてなにも知らなければ，関係を結ぶことはできないけれども，なにも知らないことがなければ，そもそも相互作用する必要がないのである。長年連れ添った夫婦の間で会話が減っていくのもそういうことだろう。ジンメルは夫婦関係について次のような忠告を述べている。含蓄に富んでいるので少し長いけれども引用しておきたい。

　　他者に十分あたえていないという心配は，他者にあまりにも多くをあたえることへと誘惑する。受領と授与という意味での相互の配慮のこの欠如において，たしかに多くの夫婦関係は破滅する。すなわち魅力のない陳腐な慣れへ，もはや驚きのいかなる余地もない自明へと堕落する。関係の実り豊かな深さは，表明されたそれぞれの最後的なものの背後になお究極的なものを予感し，それに敬意を表し，人を魅惑して確実な所有をも日々に新たに獲得させるが，このような深さは，かの繊細と自制との報酬であるにすぎない。そしてこの自制は，全人格を包括するもっとも緊密な関係においてさえ，なお内的な私有財

産を尊敬し，疑問への権利を秘密への権利によって制限させる。(『社会学』上巻：370)

夫婦の間であっても，というより夫婦のような親密な関係だからこそ，秘密が必要ということだろう。

信頼

そして，相互作用が知識と無知をともに前提としていることから，ジンメルは三番目の条件として，「知識と無知とのあいだの中間状態」としての「信頼」を挙げる。相手についてある部分は知っているけれども，完全には知らないとき，相手と関係を結ぼうとすれば，私たちは相手を信じるしかない。私たちは知らない部分があるからこそ信じるのであって，完全に知り尽くしているものについては，そもそも信じる必要もない。逆にまったくなにも知らないものについては，なにを信じてよいのかわからない。私たちはバルタン星人を信頼しないだろう。

信頼は，もともとジンメルが貨幣取引について考察しているときに発見したものである。私たちは紙切れや金属片を受け取って価値あるものを手放すとき，次の人がその紙切れや金属片を受け取ってくれるはずだと信じて価値あるものを手放すのである（→㉙「銅ではなく信頼（NON AES SED FIDES）」）。ジンメルはこの発見を相互作用一般に拡張する。なぜなら「現代生活は，経済的な意味よりはるかに広い意味において『信用経済』である」(『社会学』上巻：356) からである。狭い共同体のなかでともに生活し，お互いのことを知り尽くしているとき，人びとは互いに信頼する必要はなかっただろう。しかし，近代化の進行とともに，私たちがまったく知らないわけではないけれども完全には知らない人と相互作用しなければならなくなると，私たちは互いを信頼するほかなくなるのである。

ジンメルは貨幣取引を支えている信頼には「弱められた帰納的知識」と

40

第1部　関係・集団・社会

「超理論的な信仰」というふたつの契機が含まれていることを述べているが，相互作用を可能としている信頼にも同じふたつの契機が含まれている。ひとつには，私たちは相手についての知識や経験に照らして相手が信頼できると考えるから信頼する。これが「弱められた帰納的知識」としての信頼である。

他者たちにかんする心の原初的な態度

　もうひとつの類型の信頼は「知識と無知の彼方」にあり「宗教的な信仰のカテゴリーに入る」（『社会学』上巻：360）ものである。「人びとは，ある人間を『信じる』が，この信頼はその人物の価値の証明によって正当化されないばかりか，さらには価値のその反対の証明にもかかわらず，しばしば信用しさえする。この信頼，ある人間にたいするこの内的な無条件性は，経験によっても仮説によっても媒介されず，むしろ他者たちにかんする心の原初的な態度なのである」（同：361）。私たちがいちいち自分で安全性を確認することなく，蛇口から流れ出る水を飲み，レストランで，材料が何なのか，だれがどのように調理したのか知らないまま，出された料理を食べ，病院で処方された薬を病気に効くと信じて飲み，また新聞やテレビで報道されるニュースを，いちいち自分で確かめることなく，事実だと信じているのは，この「他者たちにかんする心の原初的な態度」によるものである。この心の態度なしには，相互作用は成り立たないし，したがって社会も成り立たないのである。

参照文献
ジンメル，G.,『社会学』上巻・下巻（居安正訳，白水社，1994年）

〔浜　日出夫〕

⑧二人集団／三人集団

〔二人結合の場合〕二人のそれぞれは，まさしくたんにたがいに他者のみに向かいあい，彼らをこえた集合体と向かいあっているのではない。……いずれか一方の退場は全体を破壊し，したがって個人が自己から独立していると感じるかの超個人的な生命は問題とならない。これにたいしてすでに三人の社会化の場合でさえ，ある個人が離脱しても集団はなお依然として存続しつづけることができる。

『社会学』上巻：371

２人と３人の質的な違い

ジンメルは，社会関係のあり方はその規模によっても異なると考えた。たとえば，ごく数人から成る小さな集団と，何百人もの人びとで構成される大集団とで，おのずと性質が異なるというのは，容易に想像がつくだろう。しかしここでの論点は，もっとわずかな人数の変化に着目したものだ。

社会関係が成り立つ最少の人数は，もちろん２人だ。そこにたった１人加わっただけでも，関係は大きく変化する。たとえば，夫婦の間に子が生まれると夫婦関係が変わる，というのはよく聞く話だ。「子はかすがい」と言われるように，夫婦の絆を子どもがさらに強めてくれるとか，逆に夫婦だけの会話が減って子どもをはさんだ会話が多くなるといったことである。また，こんな経験をしたことはないだろうか。ある友人と２人でいるときは，お互い打ち解けてとても気が合うのに，そこに別の友人が加わって３人になると，そのうち２人が意気投合して１人だけ取り残されたように感じる，といった経験だ。このように，身近な経験を振り返っただけで

も，さまざまな例が思い浮かぶ。2人と3人という，量的にはたった1人の違いが，関係の質的な変化をもたらすのだ。

ジンメルは，二者関係と三者関係の質的な違いを，つぎのように説明している。二者関係では，お互いに相手にのみ向かい合っているのであり，相手との直接的な結びつきしかない。比喩的な言い方をすれば，2人は1本の糸で繋がっているだけだ。それに対して三者関係では，2人はお互いを直接結ぶ糸の他に，第三者を経由したもう1本の糸でも結ばれうる。この第三者は，2人を仲介して結びつける場合もあるし，逆に2人の間に割って入って2人を分離させる場合もあるだろう（→㉓橋と扉）。

第三者が「2人を仲介して結びつける場合」として，先ほど触れた「子はかすがい」の例が挙げられる。また，相争っている2人を仲裁する中立的な第三者も，その役割を果たしているといえる。他方，第三者が「2人の間に割って入って2人を分離させる場合」としては，先ほどの夫婦の例でいうと，子ども中心になって夫婦2人だけのコミュニケーションが減る，といったことが該当する。さらに，2人が対立していることによって第三者が利益を得る場合もある。まさに「漁夫の利」といわれる状況だ。対立する二つの党派の勢力が拮抗しているときに，第三の党派が決定権（キャスティング・ボート）を握ることができるのは，この一例といえる。

最後の例のように，二者関係と三者関係の違いは，個人間の関係だけでなく，しばしば集団と集団の関係にも当てはまる，とジンメルは考える。

集団の超個人的性格

ところで，2人の個人から成る集団と3人以上の集団との間には，今まで述べてきたこと以外にもう一つ，重要な違いがある。それが，冒頭の引用文で述べられていることだ。

2人だけの集団の場合，どちらか1人が何らかの理由でいなくなってしまったら，残るのは1人の個人だけになってしまい，もはや集団としては

成立しない。集団そのものが消滅するわけだ。ところが，3人以上から成る集団の場合，誰か1人が離脱しても，残りの2人によって集団は辛うじて存続することができる。ということは，各個人にとってこの集団は，自分がいるかいないかに関わらず存在しうるものだということになる。その意味で，集団はその個々の構成員から独立したものである。そのことを，ジンメルは集団の「超個人的な（個人を超えた）生命」と表現している。

　ただし，3人だけの集団では，まだ規模が小さいため，具体的な個々人がはっきりと見え，まさに「この3人」がいなくては成り立たないように感じられるだろう。しかし，集団の規模が拡大し，何十人，何百人ともなれば，もはや1人がいようがいまいが集団はほとんど影響を受けない。このとき，集団はますます超個人的な実体として感じられるに違いない。とはいえ，3人の集団とさらに大きな集団との相違は，2人と3人との相違に比べたら，程度の違いにすぎない。

　ところで，本書の別の項目で解説したように，ジンメルは社会を，人びとの間の相互作用によって生成する関係として捉えた。しかし他方で，たとえば「企業」「政府」「学校」といった，個々人を超えた固定的な実体のようなものとして社会をイメージする社会観があることも，認めている。ジンメルは，そのような固定的な実体は，あくまでも人びとの間の相互作用が「結晶した」ものにほかならないと考えたのだった（→①社会化としての社会）。そのような「結晶化」が起こる端緒は，たった3人の関係の中にさえも存在する——そのことが，三人集団についての記述で示唆されているように思われる。なお，これは「⑪集団の自己保存」の論点とも関連するので，そちらもぜひ読んでもらいたい。

参照文献
ジンメル，G.,『社会学』上巻（居安正訳，白水社，1994年）

〔杉本　学〕

⑨支配

> 通俗的な表現法では「強制」とか「選択の余地がない」とか「無条件的な必然」といった概念をきわめてよくつかうが，従属関係の内部からいっさいの自発性を排除することは，この通俗的な表現方法から推論されるよりも現実には稀である。
>
> 『社会学』上巻：150

服従の自発性

　いわゆる上下関係は，社会生活を送るわれわれにとって身近なものだろう。職場における上司と部下，部活における先輩と後輩や，スポーツにおける監督あるいはコーチと選手，封建時代における主君と家臣など，古今東西，分野を問わず，上下関係あるいは支配関係は普遍的に存在している。

　「上下関係」や「支配関係」と言った言葉を聞くと，何か一方的・強制的に相手を従わせることをイメージするのではないだろうか。しかし，極端な場合（たとえば直接的な暴力を使って強制するような場合）を除いて，相手側にまったく従う意思がなかったら，支配関係は成立しない。支配関係が成立しているところでは，従う側は，たとえ渋々とじあっても，みずから従っているはずだ。その意味で，支配関係は支配する側と従属する側との相互作用によって成り立つものなのだ。

　とはいえ，従う側の自発性にもさまざま程度がある。とくに自発性が大きい場合として，ジンメルは「権威」と「威信」を挙げる。これらはいずれも，従う側が認めなくては成り立たないものだ。どんなに「自分は偉い

んだ」と威張ってみても，他の人が認めなければ誰も付いて来ないだろう。「あの人の言うことを聞こう」「あの人に従おう」と自発的に思わせる力——それが権威や威信だというわけである。もちろん，この二つには違いもある。われわれの日常的な語感や現在の社会学における定義とは異なるが，ジンメルは次のように定義している。まず「権威」は，その人の人格が社会的な信用・信頼を獲得するか，また逆に国家や教会といった超個人的な社会的力がその人にお墨付きを与えるかして，超個人的・客観的な説得力をもった影響力を意味する。他方「威信」は，もっぱらその人の優れた人格に対して周りの人びとが感情的に従属するときに成立する，人格的・主観的な影響力を意味する。客観的な正当性を認めるにせよ，あるいは主観的な感情に衝き動かされるにせよ，人びとが自発的に従うからこそ，権威や威信は効力をもつのである

　ちなみに，支配に関する社会学の理論といえば，マックス・ヴェーバーの「支配の三類型」が有名である。彼はジンメルより少し年下だが，ほぼ同時代にドイツで活躍し，交流もあった。そのヴェーバーも，支配は従属する側の自発性を必要とするという考え方を，ジンメルと共有している。ヴェーバーは，従う側が支配を正当なものとして承認する根拠によって，支配形態を「カリスマ的支配」「伝統的支配」「合法的支配」の三つに類型化した。それについて詳しく解説すると話が脱線してしまうので，ここまでにしておこう。

支配者は従属者でもある

　ところでジンメルは，次のような面白い指摘もしている。「無数のばあいに主人が彼の奴隷の奴隷であるのと同じように，すべての指導者はまた指導されもする」(『社会学』上巻：153)。つまり，上に立って人を動かす者も，逆に下の者から多少なりとも影響を受けるという指摘だ。

　大学で教壇に立つ仕事をしている私などにとっては，このことはとても

腑に落ちる。たとえ一方通行的な講義形式の授業であっても，少しでも学生たちに勉強をさせようと思えば（それもひとつの影響力の行使だといえる），学生たちの様子を見ながら，学生が理解できたり興味を持ったりするように，講義の内容や進め方を調整せざるをえない。同様に，部下を動かそうとする上司や，有権者の支持を集めようとする為政者なども，一方的に自分の考えを押し付けるだけでは，目的を成し遂げるのは難しいだろう。ジンメルは，「ドイツの政党の最大の指導者のひとり」の言葉として，「私は彼らの指導者である。それゆえ私は彼らに従わなければならない」という言葉を引用している（同頁）。また，ジャーナリストと公衆の関係についても，ジャーナリストが一方的に公衆に影響力を与えているのではなく，公衆が知りたいこと，導かれたい方向に耳を傾ける必要があると述べている。もうひとつ，ジンメルが挙げた面白い例を紹介しておこう。「あるすぐれた催眠術師」によると，催眠術師は催眠をかける相手からなにがしかの影響を受けるものであって，それがなければ催眠術の効果もあがらないという。

支配の3形式

　ところで，先ほどヴェーバーが支配を正当性の根拠によって3つに類型化したことに触れたが，ジンメルは次のように支配の3つの形式を区分する。最初の形式は「一人支配」——一人の個人による支配である。これはあらゆる支配現象の基礎となる「第一次形式」として位置づけられている。「ひとりの人物のもとへの集団の従属は，何よりも集団のきわめて決定的な統一化をもたらす」（『社会学』上巻：157）とジンメルは言う。第2に「多数支配」——複数の個人による支配が挙げられる。この中身は多様であり，支配者が一つの統一的な集団を成す場合，位階制を成す場合，支配者が対立関係にある場合など，さまざまなものが含まれる。そして第3に，「客観的な力への従属」——法律などの非人格的な客観的原理による

支配が挙げられる。この形式の特徴について、ジンメルは次のように述べている。支配者-従属者の間の「本来の相互作用、少なくとも直接的な相互作用が排除されているということが、この従属形式から自由の要素をとり去るように思われる」（同：212-213）。この指摘については、後で詳しく取り上げたい。

　これら3つの形式は、単なる並列的な分類というよりも、支配関係の発展を含意しているようにも見える。実際、ジンメルは次のように述べる。

> 　きわめて現実的な個人的な勢力関係から上位と下位が成立し、これをこえて上位の勢力が次第に精神化され、あるいは関係全体が拡大され非個人化されることによって、理念的、客観的な権力が成長し、そこで上位者は、この客観的な権力のもっとも近い代表者として、たんに彼の権力を行使するにすぎない。（『社会学』上巻：223）

　支配の諸形式は、はじめは支配者と従属者の相互作用として形成された。しかし次第にそうした関係自体が、個人を超えた理念的なものへと転化して、従属者も支配者も、ともにそれに従うのである。

規則への従属

　ところで、支配する側とされる側との相互作用は、支配者が人である限りにおいて起こりうることであって、支配する力が法律などの客観的な規則である場合（つまり人びとが規則に従う場合）、このような相互作用は起こりにくい。ジンメルは言う、「きわめてあわれむべき奴隷でさえ、なおつねにある程度は主人にたいして反作用をおよぼすことができるにもかかわらず、法律に従属する者は、法律そのものにふさわしい仕方でそれに反作用をおよぼす可能性をまったくもたない」（『社会学』上巻：213）。支配関係が支配者の主観に左右されるような場合には、もちろん支配者の独断で無

茶な命令をすることがあるかもしれないが，逆に支配される側が支配者に恩情を求めたり，支配者と交渉して寛大な措置を求めたりする余地もあるだろう。それに対し，支配するのが人ではなく，客観的に定められた規則である場合，従う側が規則そのものと交渉したり，規則に恩情を求めたりすることは不可能だ。規則に基づいて支配する者は，自分もその規則に従っているにすぎないという理由で，非情な支配をすることも容易になる。支配が，人間の恣意によってではなく規則によっておこなわれるという状態は，支配者の力に上限を設けることになる反面，規則を逸れる恩情の余地が少なくなるということでもある。

　しかしジンメルは，客観的な力に従うことは，近代人の感情にとってむしろ適合的であると言う。「現代の客観的な人間は，自発的な活動の領域と服従の領域とを分離することを知っており，彼にとっては，影響をあたえることのできない非個人的な権力によって執行される法律への従属は，より品位ある状態である」(同：213)。すなわち，他の人間への人格的な献身を求められるよりも，社会からの客観的な要求に従うことのほうが，支配関係から自己の人格を切り離すことが容易なため，近代人にとっては望ましいというわけである。

参照文献

ジンメル，G.,『社会学』上巻（居安正訳，白水社，1994 年）
ヴェーバー，M.,『権力と支配』(濱島朗訳，講談社学術文庫，2012 年)

〔杉本　学〕

⑩多数決の原理

> 超個人的な統一体が存在するかあるいは前提とされるばあいにこそ多数決は可能であるが，それが欠けているばあいには満場一致が必要とされ［る。］
>
> 『社会学』上巻：209

意思決定の二形式

　集団で何かを決定しなければならないとき，どのような方法があるだろうか。リーダーが決定権を専有している場合もあるが，より「民主的」に，皆の意見を反映して決定を下そうとするならば，どうするか——そう問われて誰もが真っ先に思いつく答えが，「多数決」であろう。

　それに対し，あくまで満場一致（全会一致）をもって決定すべきという考え方もあるはずだし，実際に満場一致が原則とされる場合もある（たとえばアメリカの陪審員の評決など）。たしかに本来は，話し合いの末に全員が合意に至るというのが理想的なやり方かもしれない。だが現実には，満場一致はなかなか難しいということを，われわれは知っている。とくに大規模な集団では，集団のメンバーそれぞれが多様な意見をもっており，全員の意見が一致する可能性はかなり低いであろう。そこで，個々人の意志の相違にもかかわらず全体の意志を一つの方向に統一する手段として，多数決が必要とされるのである。

満場一致

　ところが，現代のわれわれにとって当たり前になっている多数決原理は，歴史上必ずしも自明であったわけではない。ジンメルは，満場一致が

原則となっていた古い時代の事例をいくつか挙げている（古ゲルマン人のマルク共同体，中世までのイギリス貴族など）。そのような集団において満場一致が求められた背景には，次のような暗黙の前提があるという。「すなわち客観的な真理はつねにまた主観的にも人びとを確信させるにちがいなく，逆に主観的な確信の一致は真理内容のしるしであるという前提である」（『社会学』上巻：204）。つまり，「主観的な確信」と「客観的な真理」とが必然的に一致するはずだという信念である。これについてジンメルは「見かけは明瞭であるが根本的には神秘的」な信念であると評している（同：205）。このような「神秘的」な信念が，古い時代に可能であったのはなぜだろうか。先ほど述べたように，多数決は集団のメンバーの多様性を前提としたものであるが，逆にメンバー全員が互いに類似していて，個々人が互いに違った意見をもたないような集団であれば，満場一致による決定はかなり容易であろう。つまり，主観と客観の一致への信念は，個々人が十分に分化していない状態においてこそ可能だと考えられる。

　ところで満場一致においては，たとえ多数の意見が一致しても，一人でも異議を唱える者があれば，決定を下すことはできない。したがって，しばしば多数決の場合に問題となるように，少数派が抑圧されるということはない。むしろ逆に，「多数派は少数派によって抑圧される」（同：204）。しかし，これではいつまで経っても結論は出ず，会議は延々と続くことになる。そのようなとき，少数派はしばしば自分が確信を持っている意見を諦めて，多数派の意見に従ってしまいたい誘惑に駆られるだろう。そうなれば，満場一致を支えていた主観と客観の一致への信念は，いまや「その特有の根本的な意図をも曲げる」ことになってしまう（同：205）。

多数決

　多数決においては，少数派は異なる意思をもったままで，多数派に従う。満場一致のように，自らの意思を変更したり取り下げたりする必要は

ない。ジンメルは，少数派が多数決の結果に従属する動機を二つに分ける。第1は，「多数者は少数者よりも有力であるという事実から」多数派に従属する場合である（『社会学』上巻：205）。第2は，多数決の結果が「統一的な集団の意志がこの方向へ決定されたということのしるしを意味する」場合である（同：206）。

このうちジンメルが注目するのは，第2の場合——すなわち多数決の結果を統一的な集団の意志とみなす場合である。なぜなら，そこに「新しい転換」が見られるからである。満場一致の場合は，諸個人の意志と集団の意志が不可分とみなされていたし，多数決の第1の場合には，多数の諸個人の意志に少数の諸個人が従うにすぎなかった。それに対して多数決の第2の場合には，集団それ自体があたかも固有の統一的な意志をもつかのようにみなされている。いまや集団の意志は，諸個人の意志の対立の彼岸に存在する。この場合において多数派は，「より強大な自己の勢力の名のもとに作用するのではなく，理念的な統一と総体との名のもとに作用」するし，他方少数派は，集団内部の大きな勢力そのものに従属するのではなく，「多数派の口によって語るこの総体に」従属するのである（同：207）。つまり，集団が超個人的な（個人を超えた）統一体として存在することが，多数決の前提となっているのである。

そこで，冒頭の引用文が登場する。われわれが多数決を，（自分が少数派になったらその意見が無になってしまうにもかかわらず）すんなり受け入れることができるのは，個人の意志を超えて集団全体の意志というものが存在しうることを，われわれが承認しているからだ，というわけである。こうして多数決は，「個人の固有生命と社会的な全体の固有生命とのあいだの二元性の極度に高められた表現となる」（同：212）。

多数決論の意義

ここまでで見てきたことからわかるとおり，多数決に関するジンメルの

議論は，単なる集団の意思決定の方法論ではない。この論点はより広い文脈につながっている。

　まず，多数決に関するジンメルの論稿は，『社会学』の中の支配に関する章（「上位と下位」）に，補説として挿入されている。その章では，支配について，「一人支配」「多数支配」「客観的な力への従属」の3形式を区分して論じている（→⑨支配）。多数決についての補説は，「多数支配」と「客観的な力への従属」の間に挿入されている。多数決は「多数への従属の特別な形式」と位置づけられているのである。しかし，先ほど述べたとおり，多数決は単に多数派に少数派が従属するというものではない。多数決（ただし第2の場合）において，多数派は「理念的な統一と総体との名のもとに作用」するのであった。だとすれば，多数決は多数支配の特別な形式でありながら，実質的にはむしろ「客観的な力への従属」に近いといえるだろう。

　さらにジンメルにとって多数決論は，そのような支配論の内部にとどまらず，より広い文脈につながっている。それは，社会と個人との葛藤という，彼の社会学にとって根本的な問題意識である。その問題意識は，多数決についての補説の冒頭でも示されている。すなわち，社会構成の本質は，個人という完結した統一体から，社会という別の新たな統一体が生じるということにある。社会を構成する諸個人は，それ自体完結した自立的な存在であるが，社会は諸個人を全体の統一の単なる部分として扱おうとする。そこで個人と社会の間には，つねに矛盾や葛藤が存在するのである。そうした個人と社会の矛盾・葛藤をいかに調整するかについての試みの一例が，多数決だというわけである。

　また，ジンメルが多数決について指摘したことは，票決の場面だけにとどまらず，社会のさまざまな領域における多数者と少数者の関係を考えるためのヒントにもなるのではないだろうか。集団の中でマジョリティはしばしば，あたかも自分たちが「集団全体」であるかのように振る舞う。集

団全体の規則や慣習，価値観などが，あくまでもマジョリティを基準としてできあがっていて，マイノリティの存在が考慮されていないといったことは，往々にしてある。たとえば，家事・育児を妻に任せっきりの男性が大多数を占める職場で，そのようなタイプの男性を前提とした働き方や職場の付き合いが「あたりまえ」とされていて，それ以外のあり方がなかなか認められないようなケースを思い浮かべれば，わかりやすいだろうか。

参照文献
ジンメル，G.，『社会学』上巻（居安正訳，白水社，1994 年）

〔杉本　学〕

⑪集団の自己保存

> 　個人的な生命はその目的系列，その価値，その力によって，限られた時間に終わるべく定められ，そしていわばそれぞれの個人は初めから始めなければならない。集団の生命は，そのような〈先天的に〉定められた時間の限界を欠き，その形式は，あたかもそれが永遠に生きるかのように編成され［る。］
>
> 　　　　　　　　　　　　　　　　　　　　　　　『社会学』下巻：112

集団の実在性への問い

　集団は，たしかに個人の集まりではあるが，それ以上の存在でもある。ジンメルはこのことを「超個人的な統一体」とか「超個人的な生命」などと表現する（→⑧二人集団／三人集団）。そのことに深く関わる論点を提示しているのが，『社会学』第8章「集団の自己保存」である。

　ジンメルはその冒頭で，次のような問題を提起している。われわれは，「統一的な集団を独立した実在性をもつ構成体とみなし，……その個々のすべての担い手からは独立に生きる……と考える」。その場合，そこに「いかなる特別な種類の直接的あるいは間接的な相互作用が存在するのか」（『社会学』下巻：103）。

　かなり抽象的な問いなので，もう少し具体的な問題に置き換えてみよう。集団を構成するメンバーは，やがていつかは消えてしまうだろう。定年による引退や，途中離脱など，さまざまな場合があるが，たとえどんなに長く集団に留まったとしても，寿命という限界を超えることはできない。しかしそれでも，1人の人間の寿命をはるかに上回る長い年月，それ

55

こそ何百年にもわたって存続しているような集団（たとえば国家や企業など）もある。そのような集団の場合，結成当初のメンバーはすでにこの世にいない。いまや，当初はまだ生まれてもいなかったメンバーによって，集団が構成されているのだ。しかも，長い年月の間に，集団のあり方（たとえば集団の目標や規則・慣習など）も変化してしまっているかもしれない。にもかかわらず，われわれは今存在している集団（国家や企業）を，結成当初と「同じ」集団とみなしている。このとき集団は，あたかも担い手であるすべてのメンバーから独立に生きているかのように考えられているのである。

　ところで，ジンメルの社会学では，集団というものは人びとの相互作用によって形成される関係にほかならない，というのが前提であった（→①社会化としての社会）。だとすれば，上で述べてきたことは，この前提と矛盾するように思われるのではないだろうか。仮にAさん，Bさん，Cさん，Dさんから成る集団があったとして，この集団はA，B，C，Dという4人の間の相互作用によって形成される関係にほかならない。それが長い年月を経た後，Mさん，Nさん，Oさん，Pさんに代わったとしたら，それはもはや以前と同じ集団とはいえず，別の4人の間の相互作用によって形成される別の集団となるはずではないか。ところが必ずしもそうはならず，メンバーが完全に入れ替わっても，前の集団が引き続き存在しているとみなされる場合がある。

　要するに，ここでの論点は，次のようなものである。本来は人びとの相互作用によって成り立っているはずの集団が，あかたもその人びとから独立した実在であるかのように存続する場合，そこにどのような要因があるのだろうか。

自己保存の諸要因
　まず，一つの答えとして考えられるのは，場所の持続——長年同じ土地

を占有してきたという要因である。ただし場所の持続は，それだけでは集団の存続の要因として不十分である。たとえばある国の領土が他国に奪われた場合，新たにその土地を占拠した国は，以前の国とはまったく別物である。また，家族は引越しをしても同じ家族であり続けることができるし，そもそも特定の土地をもたない集団（たとえば学会など）もある。したがって，重要なのはむしろ心的な統一体の持続であり，その心的統一体が特定の土地と結びついたときに，はじめて場所の持続が集団の持続の基礎になりうるにすぎない。

　集団の持続にとってより大きな意義をもつのが，変化の漸次性である。先ほどのA，B，C，Dから成る集団を例に取ると，4人のうちまずAさん1人が抜けても，残りのB，C，Dの関係によって集団は維持される。そこへ新しくMさんが加わって，M，B，C，Dの集団となる。さらにBさんが抜け，Nさんが加わると，M，N，C，Dの集団として存続する。同様にしてCさんがOさんに，DさんがPさんに入れ替わる——といった具合に一部ずつ交代するならば，最終的にメンバーがすべて入れ替わっても，「同じ集団」として存在し続けることができるだろう。社会全般の「世代交代」も，そのように進む。年長の世代と若年の世代の間に，さまざまな年齢層の人びとがおり，最年長の世代が引退すると，それに次ぐ年齢層の人びとがその座につくという具合に，順次繰り上がることによって，徐々に世代交代がなされる。こうして，個々の集団も社会全体も，変化しながら同一性を保持し続けることができるのである。

　しかし，以上のようにメンバーの交代があっても集団が同一性を保って存続することは，必ずうまくいくとは限らない。集団の存在が，置き換えのきかない特定の人物に依存しているような場合には，その人物がいなくなったら集団そのものが崩壊するだろう。たとえば，ある一人の類いまれな能力と人徳を備えた人物のもとに人びとが集まって，まさに「この人がいるからこそ」成り立っているような集団は，その人物がいなくなった途

端，たちまち存亡の危機に直面してしまう。それに対し，集団が特定の個性的な人格に依存せず，集団内のそれぞれの地位に誰が就いても大差ないような場合は，メンバーの1人や2人が抜けて他の人に入れ替わったとしても，集団はたいした影響を受けずに存続しやすい。これに関するジンメルの一節を引用しておこう。

> 集団そのものの保存は，補充不可能なはかない人格との結びつきに苦しまなければならなかった。しかし逆に人格は非個性的で匿名的であればあるほど，他の者のあとをただちに継いで，中断されない自己保存を集団に保証するのにますますふさわしい。（『社会学』下巻：112-113）

その点で，支配者の地位の世襲化は，集団の存続を個人の人格から切り離す一歩として大きな意義をもっていたと考えられる。世襲化によって，集団を束ねる支配的な地位が，支配者個人の生命を超えて持続するようになると同時に，その地位に就く人物の個人的な性質にとらわれないようになったのである。

また，集団の団結が何らかの象徴によって客観的に表されることも，集団の自己保存に大きく貢献する。ただし，その象徴が物質的な客体（たとえば旗や偶像，聖杯など）である場合は，かなりこころもとない。物は壊れる可能性があり，人間と違って子孫を残さないので世襲もできない。したがってそうした物質的な象徴が一度破壊されたり奪われたりすれば，たちまち団結が緩み，集団は解体の危機に陥ってしまう。

そのような外的な実体ではなく，観念的な要素によっても集団の自己保存が実現されると，ジンメルは言う。その中には愛国心や宗教的共同体への献身などの主観的な感情や，道徳，名誉，法といった客観的な規範が含まれるが，ジンメルはとりわけ名誉の意義を強調する。道徳が内面的に，

法が外的に個人を規制するのに対し，名誉は両者の中間的な形式として，内面と外面の両方から，各個人に特定の集団のメンバーとしての正しい行為を要求する。このことによって，その集団の団結や威信を保持するのである。

　集団の自己保存の要因として最後に挙げられるのが，分業的な機関の形成である。集団にとって必要な機能を分担する機関が形成されることで，諸個人の間の直接的な相互作用に代わって，個人のそれぞれが機関と関係するようになる。たとえば，経済的取引が生産者と消費者の直接的な出会いにおいてしかおこなわれないとしたら，経済的な交換関係はきわめて不安定な，はかないものにとどまるだろう。ところが商人身分が間に入るやいなや，彼らの持続的な活動によって経済的交換が組織化され，個々の産物や消費にかかわらず存続するようになる。このようにして，さまざまな社会的な機能は，具体的な諸個人による個々の相互作用を超えて一つの客観的な体系を成し，各個人は，たまたまそれに関与したりしなかったりするのみとなる。

参照文献
ジンメル，G.,『社会学』下巻（居安正訳，白水社，1994年）

〔杉本　学〕

⑫誠実と感謝

> (1)関係の保存を安定の形式において担う本質的な個人・心理学的動機を，人びとは誠実とよぶ。
>
> (2)誠実よりはより特殊な様式において，感謝はひとたび結合した関係の切断を妨げ，関係がその積極的および消極的な種類の不可避的な撹乱に対して，〈現状に〉保存されるためのエネルギーとして作用する。　　　　　　　　　　　　　『社会学』下巻：184

関係の自己保存

　ジンメルは『社会学』第8章「社会集団の自己保存」のなかに「誠実と感謝についての補説」を設けている。彼は，社会集団のみならず社会関係にも自己保存原理があると考えていた。社会関係を保存させる力，それが「誠実」と「感謝」である。

　彼は，誠実について関係そのものの存続に志向して，関係の特殊な感情や意志の担い手からは独立しているものだと述べている。たとえば，性愛的な関係は，身体上の美にもとづいて成立するだろう。しかし，その美が消滅したのちも，さらにはそれが醜悪に移行したのちも関係が存続しえるのは誠実があるからである。誠実とは，そうした「他者との関係の保存をめざす独特の感情のための語」である。

　ところで，誠実には二つの意味がある。われわれは，自分に対してうそ偽りがないことを誠実と表現する場合もあれば，他者にたいして信義を貫くことも誠実という言葉で表現する。よく知られたハーバーマスのコミュニケーション的行為論では，誠実性は演技的行為にかかわるものだから，

前者の意味で用いられている。これにたいして，ジンメルは後者の意味で
誠実を考えている。彼にとって誠実とは，社会関係が生まれた後に働く力
であり，社会関係を生み出す力ではない。

感謝の機能

　ジンメルは感謝について多様に論じているが，その第一にあげられてい
るのが，感謝が法的秩序の補完を果たすことである。交換にあっては，獲
得するものにたいして譲渡するものが義務付けられている。しかし，われ
われの社会関係には譲渡に対して等価物の強制が問題にならない無数の関
係がある。それはたとえば，電車の中で席を譲られたとか，買い物をして
「おまけ」をしてもらったといった経験を考えてみればよい。そのような
とき，感謝が得られたものの等価物として相手に捧げられる。

　第二にジンメルが指摘するのは，感謝が関係の観念的な存続であること
である。彼は感謝について「社会のもっとも強固な結合手段」とさえ言
う。感謝する人は感謝の対象者との関係を維持させる。

　第三に感謝は，「善行と善行者への反応を一様に包含する」。物品の交
換，あるいは貨幣による物品の購入にあっては，対価として差し出される
物品や貨幣は，獲得されるものの等価物である。しかし，感謝は，感謝に
値する行為ばかりではなく，その行為を行う人格にもかかわっている。

　第四に，「われわれはつねになお，かつてわれわれの感謝に値した者に
感謝し続けることができる」と述べている。「恩知らず」であることは批
判の的になる。日本語には「いくら感謝しても感謝しきれない」という表
現があるが，まさに深く感謝する者は，返しきれない債務を背負ったもの
と同じである。

　さて，以上のような感謝の諸機能は，貨幣の機能との類似で考えればわ
かりやすいかもしれない。ジンメルの論述を言い換えてみよう。第一に感
謝は，支払い手段として機能する。われわれの社会には貨幣で支払うので

はなく感謝で支払うことがふさわしい交換関係が無数に存在している。第二に，感謝は関係の蓄蔵手段として機能する。相手との実際の社会関係が途絶えたとしても感謝が働いているのならば，その二人の関係は容易に復活する。第三に感謝は，人格への価値尺度として機能する。おそらく多くの人から感謝を集める者こそが人徳があると呼ばれるのであろう。そして，感謝は，資本的機能をもっている。感謝は価値を自己増殖させる。感謝する人は，感謝される人に対して最初の給付以上に献身するのである。

贈与と交換

　人は他者から贈与を受けた際には，常に感謝するものだろうか。じつは給付は必ずしも感謝を生み出さない。ジンメルは『社会学』の貧者について述べた章で次のように言っていた。

　　　まったくありふれた経験ではあるが，人びとから規則的に贈り物を
　　　受け取る乞食は，いちはやくこのことを彼の請求権とみなし，贈り主
　　　の義務とみなし，その中止を当然の貢物の着服と同じように非難し，
　　　したがって彼にたいしては，一般につねに施し物を拒むだれかにたい
　　　してはほとんどもたない憤激を感じる。(『社会学』下巻：75)

　この言明は，感謝の第四の機能に関係している。彼によれば，最初の給付と2回目以降の給付とは，質的にまったく異なっている。最初の給付は完全な自発性に基づいている。それゆえ給付を受けた者は感謝しても感謝しきれないと思うのである。これに対して2回目以降の給付は，関係の継続を当然とする義務が働くので給付の中止は容易ではない。では，感謝がうまく機能する関係性とはどういうものだろうか。彼は同じ章で贈与が行われる関係の条件について次のように述べている。

第 1 部　関係・集団・社会

　　社会的な距離がきわめて大きいか，あるいは個人的な親近性がきわ
　　めて大きいばあい，人びとはほとんどつねに贈与することができる。
　　しかし，社会的な距離がとり去られ，個人的な距離が増大するに応じ
　　て，それは困難となるのがつねである（『社会学』下巻：96）。

　社会的距離の問題は，「上位者は下位者へ贈与すべし」という倫理規範
として考えることができる。これはよく知られたノブリス・オブリージェ
（富者の義務）である。また個人的距離の問題は，「親しき者へ贈与すべし」
という倫理規範であろう。これは，親しい間柄で遠慮すると「そんな水臭
いことを言うな」と反論されがちなことを思い出せばよい。かつてグール
ドナーは，返礼する義務を普遍的なものだとして「互酬性の規範」とよん
だが，ジンメルは，われわれの社会には，そればかりでなく「互恵性（贈
与）の規範」が存在することを見抜いていた。
　さて，社会学と文化人類学において贈与と交換の問題は，繰り返し論じ
られてきた。社会学的に論じたものは，ホーマンズやブラウの交換理論，
そしてコールマンの合理的選択理論がある。文化人類学の分野の研究とし
ては，モースやレヴィ＝ストロースのものが有名である。しかし，前者は
近代社会に特有な功利主義的な人間像を前提したものだったし，後者は逆
に前近代社会における規範を深く内面化した人間像を前提にしていた。こ
れに対してジンメルの議論は，近代以降の社会においても十分通用するも
のであったし，また人間の功利主義的側面と社会規範に従う側面とを両面
とも認める点で，より優れていたと言えるだろう。

参照文献
ジンメル，G.,『社会学』下巻（居安正訳，白水社，1994 年）
Gouldner, A. W., "The Norm of Reciprocity: A Preliminary Statement", *ASR* 25(2),1960.

〔早川　洋行〕

⑬異郷人

> 異郷人は……今日訪れ来て明日去り行く放浪者としてではなく，むしろ今日訪れて明日もとどまる者——いわば潜在的な放浪者，旅は続けはしないにしても来訪と退去という離別を完全には克服してはいない者なのである。　　　　『社会学』下巻：285

異郷人の特徴

　われわれはさまざまな社会や集団に所属しているが，最初からその社会・集団に所属している人もいれば，よそからやってきて新たに加わる人もいる。最初からのメンバーと，新たに加わるメンバーとの関係は，どのようなものだろうか。その典型的な例として，ジンメルの異郷人（Fremde）論を取り上げてみよう。

　ジンメルは，異郷人を次のように定義する。異郷人とは，もとからその地域社会にいた者ではなく，よそからやって来て，その地域の住民になった者である。異郷人と似て非なるものとして，ジンメルは放浪者を引き合いに出す。たしかに放浪者もよその土地からやって来た者であり，一時はその地域に滞在するだろう。しかし，放浪者は各地を渡り歩いているのであり，またすぐにどこか別の土地へと去って行ってしまう。「フーテンの寅さん」のように，と言ったら古すぎるだろうか。それに対し，ジンメルの定義する異郷人は，よその土地からやって来て，その地域に定住する者である。つまり，冒頭の引用にあるように，「今日訪れ来て明日去り行く放浪者」に対し，「今日訪れて明日もとどまる者」，それが異郷人なのである。

64

しかしながら，ジンメルはこうも指摘している。異郷人は「旅を続けは
しないにしても来訪と退去という離別を完全には克服していない」という
意味で「潜在的な放浪者」であると。その地域内の土地が古くからの住民
によって所有され，地縁・血縁や職業的なつながりが密接になっている場
合，そこへやってきた異郷人は，実際にも，また比喩的な意味でも「けっ
して土地所有者ではない」（『社会学』下巻：287）――いわば土地に「根づい
ていない」のである。したがって，異郷人は歴史的に，商業や金融業と
いった仲介的な職業に就くことが多かったと言う。こうしたことから，異
郷人の特徴の一つとして「移動性」が挙げられる。移動する者は，あら
ゆる住民と接触をもつことが可能だが，地縁的・血縁的・職業的な定着に
よって特定の住民と密接に結びつくことはないのである。

　また，異郷人には「客観性」という特徴もある。すなわち，異郷人は
「根底から集団の特異な構成部分や，あるいは集団の一面的な傾向へとと
らわれてはいないから，それらのすべてに『客観的』という特別な態度で
立ち向かう」（同頁）。たとえば争いごとなどの際には，双方から等しく距
離があるため他の住民よりも中立的な立場で関わることもできるだろう。
また，集団内の固定観念や先例から自由である分，新たな見方・考え方を
その集団にもたらすことができる可能性もある。

　そして最後に，住民との「抽象的な関係」という特徴が指摘される。な
がらく共に生活している住民たちは，独特の共通性をもっている。方言や
慣習，歴史的経験など，さまざまな事柄を共有していることが，お互いの
親密さを支えているのである。他方，異郷人はそれらを共有していない。
もちろん，何らかの共通性を見いだすことは不可能ではないが，「人びと
は異郷人とはたんに一定の普遍的な性質のみを共通にもつにすぎない」と
ジンメルが言うように，たとえば「同じ人間」とか「同じ国民」といった
一般的・抽象的な共通性しか見いだせないのである。

内部と外部の両義性

　以上で見てきたような異郷人の特徴を集約して表現するならば,「内部
と外部」(または「近さと遠さ」)の両義性(二面性)ということになるだろう。
異郷人は,地域社会の外部から来たが,いまは内部にいる。しかし地域社
会の人びとの中に完全にとけ込んではいないという意味では,外部性を帯
びてもいる。ただし,外部性といっても異郷人は純然たる部外者なのでは
なく,まさに外部性という性質によって,社会の中で独特の役割を果たす
のである。ちなみに「内部と外部」の二面性という特徴は,次の項目で取
り上げる「貧者」などにも共通している。ジンメルは異郷人が「その集団
における内在的な部分的な地位が同時に集団の外部と集団との対立とを含
んでいる要素である」という点で,貧者や「内部の敵」と同じであると述
べる(『社会学』上巻:46)。

　ところで,ジンメルが異郷人について論じてきたことは,はたして地域
社会における異郷人の場合だけに当てはまるものだろうか。異郷人の定義
を,地域というものにとらわれずに一般化して,「長く持続している集団
の中に,外部から入ってきて定着する者」と拡大解釈すれば,さまざまな
事例(たとえば「外部から招かれた経営者」など)を考察するのに応用できるは
ずだ。おそらくはそのような含みもあって,原語の Fermde を「異郷人」
ではなく「よそ者」と訳すことが多い。ただし「よそ者」という言葉は否
定的なニュアンスを感じさせやすく,いずれも一長一短ではある。

　さらに,やや飛躍した解釈をすれば,ジンメルが描き出した異郷人の特
徴は,近代的な個人のモデルとさえ言えるのかもしれない。特定の共同体
の特殊な伝統や慣習にとらわれず,客観的な態度で物事に接する個人とい
う意味で,あるいはまた,集団に所属しながらも外部(別の集団)にも属
しているという「内部と外部」の両義性をもっているという意味でも,あ
ながち的外れではないように思われるのだが――。

　ちなみに,社会学やその近接分野で,異郷人(あるいは「よそ者」)につい

第1部　関係・集団・社会

て着目した考察は少なくない。たとえば，ジンメルの異郷人をヒントにした R・E・パークの「マージナル・マン」(互いに文化の異なる複数の集団に同時に属し，いずれにも完全に帰属できないでいる「境界人」) という概念，A・シュッツの「よそ者」論，そして民俗学における「異人」論などだ。それらと比べてジンメルの異郷人論は，やや異色である。たいてい異郷人 (よそ者) は，差別や迫害を受けたり，集団への同化に努めたりと，弱い立場にある存在として描かれることが多い。それに対してジンメルの描く異郷人はといえば，その土地に根づかないながらも，逆に移動性を活かしてあらゆる人と接触し，客観的な立場で集団を眺めて，ときには争い事の仲裁まで頼まれる——相当したたかな人間像ではないだろうか。おそらくジンメルの異郷人論は，実際のあらゆる異郷人に当てはまるものではなく，一定の条件を満たす事例にのみ当てはまると考えるべきだろう。

参照文献
ジンメル，G.,『社会学』上巻・下巻 (居安正訳，白水社，1994年)

〔杉本　学〕

⑭貧者

> 個人的な欠乏が貧者をつくるのではなく，欠乏ゆえに扶助を受ける者が，社会学的な概念よりすればはじめて貧者なのである。
>
> 『社会学』下巻：100

貧困の相対性

　最近しばしば使われる，「相対的貧困」という言葉をご存知だろうか。生きていくのに最低限必要な水準に満たない経済状態を「絶対的貧困」と呼ぶが，それに対し，生きていくのに最低限の経済的条件は満たしていても，その社会での一般的な生活水準と比較して著しく低い経済状況を，「相対的貧困」という。全体の経済水準が向上した社会では，絶対的貧困と相対的貧困の差は拡大する。絶対的貧困の基準――世界銀行では，1日の所得が1.90米ドル未満と定義している（本書出版時現在）――と比べればかなり裕福であっても，その社会の中ではかなり貧しいという人はいる。たとえば，仮に国民の大多数が，子ども2人に高等教育まで受けさせるだけの費用を出せるような経済水準の国があったとして，その中で子ども1人を高校へ進学させる費用さえも捻出できない家族は，たとえ衣食住の最低限は確保されていても，その社会での一般的な経済水準からかけ離れているという点で，貧困だといえる。このように，われわれの社会では，貧困であるか否かを区分する絶対的な水準は存在しない。

　いま述べてきたような貧困の相対的な性格については，すでにジンメルも認識していた。ジンメルは「貧困」を，その人が自らの目的にたいして不十分な手段しかもたない状態として定義するが，このときの目的とは，

多くの場合，社会的に設定されたものである。すなわち，先ほどの「相対的貧困」のように，一般的な社会環境や特定の社会層が，ある一定の水準を人びとに要求し，そのなかである人がそれを満たせないとき，その人は貧困の状態にあるのだ。

社会的カテゴリーとしての貧者

　このように貧困の相対性を認めたうえで，ジンメルは「個人的な貧困」状態と，社会的カテゴリーとしての「貧者」との間に，ハッキリとした区分を設ける。両者を隔てる基準は，「社会的扶助の対象となるか，ならないか」である。

　「個人的な貧困」とは，その人が自らの属する社会層の要求する水準を満たしえないという状態である。そうした個人的な貧困にたいして，同じ社会層の人びとは原則として扶助をすることを避けるし，また困窮者のほうも，扶助を乞い求めることをしたがらない。とくに高い階級の人びとほど，その傾向が強い。このように，階級内にとどまって扶助をされることも求めることもない困窮者は，たんに個人的に貧困であるにすぎない。

　それに対して「貧者」とは，社会によって扶助の対象として定義された者である。相対的にさまざまな程度の貧困状態がある中で，ある人びとが，「扶助を受けるべき者」とみなされることによって，一つの社会的カテゴリーとしての「貧者」となる。このように，社会的カテゴリーとしての「貧者」は，扶助という，貧困状態にある人に対する社会的な反応の産物だといえる。

　同じ社会層の内部にいる人は扶助の対象にならないとすると，扶助を受けるということは，その社会層の外部へ押し出された（「排除」された）ということになるだろう。しかしながら，それでも貧者は完全に「社会の外部」にいるわけではない。貧者が社会の一員だからこそ，社会にはそれを扶助する義務があるのだ。社会からある意味で排除されているにも関わら

ず，いやむしろ排除されているという立場によってこそ，貧者は「貧者として」社会の中に有機的に組み入れられるのである。その点で，貧者は前項目の「異郷人」と類似している。というのは，貧者も異郷人も，ある側面では「社会の要素でない」（排除されている）と同時に，別の側面では「社会の要素である」という，「内部と外部」の二面性をもった存在である。そして，社会からある意味で排除されているからこそ，まさに貧者は「貧者として」，異郷人は「異郷人として」，社会の構成員となっているのである。

　ところで，以上で見てきた社会的カテゴリーとしての「貧者」の定義は，ジンメルの貧者論だけにとどまらず，社会学における一つのものの見方を表している。貧者についてもう一度おさらいしておくと，何らかの客観的な状態にある者が自動的に「貧者」であるわけでなく，その人に対する社会の側の反応（「扶助すべき者」とみなすこと）によって，「貧者」という社会的カテゴリーが生み出されるのであった。これと同様のことは，他の社会的カテゴリーにも言えるのではないだろうか。たとえば，ジンメルは「犯罪」について，貧者の場合との共通性を次のように指摘する。「犯罪」というものを「直接に概念規定するのがきわめて困難なため，人びとは『公的な刑罰の課せられる行為』と定義する」（『社会学』下巻：97）と。何らかの行為それ自体の内部に備わった性質によって「犯罪」が定義されるのではなく，むしろその行為に対する社会の側の反応によって，「犯罪」というカテゴリーが生み出される，というわけである。たしかに，何が「犯罪」とみなされるかは，国や時代によって異なることを考えてみれば，納得できる指摘であろう。

　このような考え方は，ジンメルと同い年であったフランスの社会学者デュルケームにも共通しているし，のちにアメリカ社会学に登場する「ラベリング理論」を先取りしているようにも見える。デュルケームは，「ある行為は，犯罪的であるから共同意識を傷つけるのではなく，それが共同

意識をそこなうから犯罪的だといわなければならない。われわれは，それを犯罪だから非難するのではなくて，われわれがそれを非難するから犯罪なのである」（デュルケーム：82）と述べている。

　また，アメリカの社会学者ベッカーが提唱したラベリング理論は，犯罪や非行などの逸脱行動を次のように捉える。「社会集団は，これを犯せば逸脱となるような規則をもうけ，それを特定の人びとに適用し，彼らにアウトサイダーのレッテルを貼ることによって，逸脱を生みだすのである」。つまり逸脱とは，「ある人間の行為に対する他者による反応の結果である」（ベッカー：17）。

　もちろん，デュルケームとラベリング理論との間にも視点の違いはある。しかし両者とも，犯罪あるいは逸脱というものを，行為それ自体に内在する客観的な性質によって定義するのではなく，当該の行為に対する社会の側の反応によって定義しており，その点で，上述したようなジンメルの貧者や犯罪に関する指摘と共通しているといえるだろう。

参照文献

ジンメル，G.,『社会学』下巻（居安正訳，白水社，1994年）
デュルケーム，E.,『社会分業論』(寺田和夫訳，中央公論新社，2002年)
ベッカー，H. S.,『アウトサイダーズ——ラベリング理論とは何か』(村上直之訳，新泉社，1993年)

〔杉本　学〕

⑮社会的水準

> 各人は個別に見ればかなり賢明で分別もある。しかし一緒になるとたちまち馬鹿になる。　　　　　　　　『社会学の根本問題』：46

一般社会学

　ここで引用した一文は，じつはジンメル自身の言葉ではなく，彼がシラーの言葉を借りたものである。その意味するところは，あえて解説するまでもないだろうが，大勢の人が一まとまりになれば，一人一人は賢くとも，全体は愚かになるということである。このことは，いわゆる群集心理についてよく指摘されることである。そこから見て取れるのは，個人の知的・精神的な水準と集団のそれとの間に，明らかな隔たりがあるという，一般的な原理である。

　この論点をさらに詳しく掘り下げる前に，ジンメル社会学の構成について解説しておこう。ジンメルは晩年の著作『社会学の根本問題』で，自身の社会学を三つの領域に分けている。一つは，「形式社会学」である。これは社会を人びとの相互作用によって形成される社会関係として捉える観点から，関係形成のあり方を研究する領域である（→①社会化としての社会）。つぎに，「一般社会学」である。これは人びとの相互作用によって形成された社会を，あたかも「独自の生命，独自の法則，独自の性格をもつ主体であるかのように取り扱」うことに現実的な意義を認め，その観点から，統一体としての社会の一般的な性質を論じる領域である。そして最後に「哲学的社会学」。これは，経験的な社会分析を越えて，社会をめぐる哲学的（形而上学的）な問題について考察する領域である。

第1部　関係・集団・社会

さて，本題に戻ろう。本項目の論点は，いま見てきた三つの領域のうち
「一般社会学」に属するものである。多数の人が集まって，一つのまとま
り（集団や群衆，大衆）を形成したとき，個人個人とは異なる独特の性質が
生まれる——ちなみに現代の社会学では，これを「創発特性」と呼ぶ。こ
こではそうした独特な性質の一つとして，個人と集団の間の知的・精神的
な水準の差異が，論じられているのである。

全体水準の引き下げ

　ではなぜ，一人一人は賢明であるのに，多数の人が集まると，その全体
は愚かになるのか。それをジンメルは，次のように考える。

　　　総体の水準を「平均的な」水準と呼ぶのは，まったく人をあざむ
　　く。平均とは，個々の個人の位置の高さをいわば合計し，その和を彼
　　らの数で割ることを意味するはずである。このことは，彼らのなかの
　　最低の人びとを高めることを含むはずであるが，この高めることは
　　行なわれてはいない。むしろ……総体の水準は最低の人びとの水準の
　　まったく近くにある。（『社会学の根本問題』：53）

　いまここに，さまざまに異なる程度の知性や徳性を備えた人びとが集
まっているとしよう。それらの人びとが，一まとまりになって行動したと
すると，知性や徳性の低い人が，それらを高めるのは難しい。逆に，知
性・徳性の高い人が低い人に流される方が容易であろう。こうして全体の
水準は，ほとんどすべての人が共通して満たしている程度の水準にまで，
引き下げられてしまうという理屈である。

　その一方で，知性よりも原初的なものと考えられる感情は，多くの人び
との間で共通しやすいと考えられる。このことから，感情に訴えたい場合
には個人よりもむしろ群衆や大衆のほうがふさわしい。それを象徴する例

として挙げられるのが，カール・マリア・フォン・ウェーバー（オペラ『魔弾の射手』などで知られるドイツ・ロマン派の作曲家，指揮者）の「個人は馬鹿であるが，全体はそれでも神の声である」という言葉である（『社会学の根本問題』：50）。逆の言い方をすると，「大衆にはたらきかけようとする者は，このことを論理的な説得によってではなく，むしろ本質的にはたんに大衆の感情への訴求によってのみ，成功し遂げるであろう」（『社会分化論』：87）。

大衆社会論へ

　ジンメルのこのような議論は，「大衆社会」と呼ばれる社会状況と関連している。19世紀末から20世紀前半の欧米では，社会の物質的な豊かさと民主化が進むとともに，エリートではない一般民衆が，政治や経済，文化のさまざまな領域で強い影響力をもつようになる。そうした中で知識人たちは，凡庸で思慮分別に欠ける大衆が，優れた資質をもつ選ばれた少数者（つまりエリート）に成り代わって支配力をもつことに対する危機感——たとえば全体主義に傾倒することへの危惧——を募らせ，大衆社会批判を展開していく。ジンメルより時代は後になるが，1930年にスペインの思想家オルテガ・イ・ガセットが著した『大衆の反逆』は，その代表的な著作である。そのオルテガは大衆を，「平均人」と特徴づけた。その点では，大衆を平均よりもっと低い水準と述べたジンメルのほうが，より辛辣かもしれない。ただしジンメルの場合は，どんなに教養もあり賢明である人間でも，大勢の集まりの中ではもっとも低い水準の人びとと共通の水準まで引き下げられるというのが趣旨であって，大衆に属する人間とそうでない人間を区分しているわけではない。また，オルテガは科学者に代表される専門家を，自らの専門外の分野については無知であるにもかかわらず，さも知者であるかのように傲慢にふるまうという点で，一種の大衆人と見ているところも独特である。

　ジンメルの議論とその後の大衆社会論とでは，やや文脈が異なっている

にせよ，こうした論点は，「ポピュリズム」という言葉で語られる今日の社会現象を考えるうえで，いま一度見直されても良いのではないだろうか。政治学者の水島治郎によると，ポピュリズムには，一種の「リーダーの政治戦略・政治手法としてのポピュリズム」と，下からの「政治運動としてのポピュリズム」とがあるが（水島：8），ここでは後者について，その特徴を参照してみよう。ポピュリズムは「われわれ人民」の名のもとに，現行の体制における（政治的のみならず経済的・文化的な）エリートおよび現行制度によって保護されている人びと（移民や生活保護受給者など）を「特権層」と見なしてそれに反発し，現状を打破してくれそうなカリスマ的リーダーを求める。そしてそのリーダーは，「メディアやインターネットを通じ，内心で不満を鬱積させている『サイレント・マジョリティ』に訴え，その共感を呼ぶことで支持を集めようとする」（同：221）。

　同じ空間に集まっているわけではなく，インターネットなどで媒介されても，大衆というものが成立するのだとすれば，その大衆の感情（多くの場合，不満や不安といった否定的な感情）にもとづく政治的行動は，たとえば英国における EU 離脱の国民投票や，アメリカ合衆国におけるトランプ大統領の選出のように，おおかたの予想を超える結果さえも生み出している。

　ジンメル自身の論点からだいぶ飛躍した気もするが，このような現代的な現象を捉えるにあたって，ジンメルを含めた古典的な大衆社会論なども，ある程度は参考になるかもしれない。

参照文献
ジンメル，G.,『社会分化論　宗教社会学』（居安正訳，青木書店，1998年）
―――,『社会学の根本問題』（居安正訳，世界思想社，2004年）
オルテガ・イ・ガセット，J.,『大衆の反逆』（寺田和夫訳，中央公論新社，2002年）
水島治郎『ポピュリズムとは何か――民主主義の敵か，改革の希望か』（中公新書，2016年）

〔杉本　学〕

第 2 部

都市・文化・貨幣

⑯大都市の基本原理

> 都市は，その狭広さまざまな広さの周囲にとっての交流の旋回点として作用する。すなわちそれぞれの都市が自らの中に，交流行為の無数の持続し交替する旋回点を成立させる。
>
> 『社会学』下巻：236

「旋回点」としての都市

　ジンメルの大都市をめぐる論述を特徴づける基本原理の一つは，大都市を構成する諸要素の変化や入れ替わりの激しさ，すなわち「流動性」という性質である。冒頭の引用にあるようにジンメルは，『社会学』第9章「空間と社会の空間的秩序」の中で，「旋回点 (der Drehpunkt)」としての都市，という表現でそのことを示している。

　この「旋回点」という言葉は，「回転や旋回の中心点」を原義とするものである。大都市には狭い空間にたくさんの人々が住んでいて，生活状況や経済的地位が変化すると一つ所に留まらずにその居所を移動させる。そして，郊外や他地域に住む人たちが通勤や通学，商談，消費や娯楽といった理由で都市へやって来ては去っていく。大都市とは，そこに身を置く多くの人々がつねに「動いて」いるような社会空間であると言える。それとともに，無数のモノ，お金，情報などが大都市に出たり入ったりしており，これらもやはり「動いて」いる。すべてのものが激しく流動し，変転することをその本質としながら，自らは定点として常にそこに現前する場所こそが，大都市という空間なのである。

第 2 部　都市・文化・貨幣

都市における空間・時間の合理化

　ジンメルが都市を説明する際のもう一つの基本原理は「合理性」である。その一例としてジンメルは，『社会学』第 9 章で，都市空間の合理化，すなわち近代都市の発展にともなって街区や建物などが「まっすぐに整えられていく」現象を例示する。

　　都市生活がより純粋に発展すればするほど，それはより合理主
　　義的に現れる。—何よりも直線的なもの，地理学的な法則にした
　　がって確定されたもの，普遍的・法則的なものによる道路施設の
　　個性的なもの，偶然なもの，不規則なもの，屈曲したものの排除
　　においてである。……曲がった通りをまっすぐに引き伸ばすこと，
　　新しい交差通りの敷設，直角の対称と組織法とのまったく近代的
　　な体系は，なるほど直接に空間の節約ではあるが，しかし交流
　　にとっては何よりも時間の節約であり，これは生活の合理主義に
　　よって要求される。(『社会学』下巻：236)

　小都市が何らかの事情で大きく発展し，人口の増加や経済成長を見せるようになると，都市としての機能の無制限な拡大に合わせて，限られた都市空間をより有効に利用しようとする「都市空間の再編」や，生活様式や社会の仕組みの「合理化」が起こる。人口の増大やオフィス需要の高まりなどによって都心部の土地が不足がちになると，建築技術の向上とともに「高層ビル群」が形成されていくが，これも大都市空間の有効活用（すなわち合理化）の一環といえる。

　これと同様のことは，大都市における時間の取り扱いにも生じる。多くの人々が都市生活を送るようになると，さまざまな局面で「時間の正確さ」が求められてくる。ジンメルの時代の大都市では，人々が懐中時計を持つようになった。標準時刻を設定して時刻合わせをし，それに合わせて

他の人と約束をしたり，定時運行する交通機関を日常的に利用したりするようになった。「ベルリンのすべての時計が突然くるって異なった方向に進めば，たとえそれがたんに1時間のみであるにしても，すべての経済的その他の取引生活は，長きにわたって混乱するであろう」(「大都市と精神生活」: 273) と示唆されるように，無数の諸要素によって構成された複雑なメカニズムによって動いている大都市においては，こうした時刻の「正確さ」は不可欠である。そしてそのことは，時間を量的に表示すること（＝クロックタイムとしての時間）の浸透によってはじめて可能となる。

大都市と貨幣経済

　すべてが「流動」している都市では，そのための様々な仕組みが発達する。人が移動するための交通手段，たくさんのモノや商品を都市のすみずみまで運ぶ流通・運送手段，新聞やラジオといった情報伝達手段など，流通や取引・仲介を円滑かつ合理的に進めるための仕組みが発達する。こうした大都市における諸活動や生活様式を維持・発展させていくうえで不可欠であるのが，貨幣経済である。

　無数の売り手と買い手を結びつけながら商品をスムーズに流通させるのが貨幣経済である。『貨幣の哲学』においてジンメルが論じたように，貨幣はその高い交換価値ゆえに（相手が誰であれ）無数の人に喜んで受け取られる。そしてその無色透明な性質ゆえに，相手の欲するもの（需要）や相手の差し出すもの（供給）の内容に関わらず，「貨幣と引き替えに」売却され購入される。したがって，貨幣は都市に流入してきたさまざまなもの，商品と人々を結びつけると同時に，（そのほとんどが見知らぬ人どうしである）都市空間で出会う人どうしをも結びつける。物々交換を行う時のように，一つの取引ごとに相手の信頼度を図りながら交渉し，判断しなければならないとすれば，都市における経済，流通，そして社会生活はほとんど成り立たないであろう。

第2部　都市・文化・貨幣

　また,「貨幣経済の場」である大都市では，多くのものが貨幣価値で測定され，貨幣と交換可能なものとして位置づけられる。貨幣経済下では，人や商品の性質や個性（いかなるものか）を貨幣額（いくらの貨幣と等価であるか）で表示することによって，あらゆるものの価値が「量的なもの」「数値で表示可能なもの」へと置き換えられてしまう。貨幣は，人々の活動，成果物，あるいはその人自身の存在（いずれも質的な価値をもつ）をも量的で非人格的な指標（数値，貨幣額など）で表示し流通させることによって，大都市における巨大なシステムを円滑に運用することを可能にする。そのことは，貨幣経済の元で人々が非人間的な取り扱いを受けやすくなる一方で，匿名的な取り扱いにより社会的な拘束を解き，かつてないほどの自由を個人に与えるのである。

　ジンメルが前提としていた大都市の基本原理である「流動性」と「合理性」は，次項以下で見るように，大都市に暮らす人々のメンタリティや人間関係にも色濃く影響を与えることになる。

参照文献

ジンメル，G.,『社会学』下巻（居安正訳，白水社，1994年）

─────,「大都市と精神生活」『橋と扉』pp. 269-285（酒田健一・熊沢義宣・杉野正・居安正訳，白水社，1994年）

〔徳田　剛〕

⑰大都市生活者の心的特性

> 大都市的な個性の類型を生じさせる心理学的基礎は，神経生活の高揚であり，これは外的および内的な印象の迅速な間断なき交替から生じる。
> 「大都市と精神生活」：270

都市の「心理学的」な条件

　ジンメルが示唆した大都市の2つの基本原理（「流動化」と「合理化」）は，そこに暮らす諸個人のありようや心理状態にも色濃く影響を与えることになる。ジンメルが見て取った大都市生活者の心的特性とはどのようなものであろうか。

　人，モノ，情報などが常に行き交う都市生活では，目の前に生じる事態や出来事，空間を共にしたり関わりを持ったりする人々が入れ代わり立ち代わりし，現れては消えることになる。ジンメルの表現を踏まえると，都市における「心理学的な諸条件」は「街路上にみられるそれぞれの往来，経済的，職業的，社交的な生活の速度と多様性」などによって規定されるが，それらは，人々の認知における「間断なき印象の交替」と「神経生活の高揚」をもたらす（「大都市と精神生活」：270）。人間の意識にとっては過剰とも言える神経刺激に馴らされてしまった人々は，（コンサート会場の大音響に身を置いた後に微妙な音の聞き分けができなくなる時のように）自分の周囲の人々やモノ，情報，出来事の微細な特徴や変化に対する細かな反応ができなくなっていく。その結果として，ものごとを情緒的にではなく論理的，クールに考える「冷静」で「悟性的」な思考，周囲の人間や事柄に対する「無関心」な態度，そしてあまりに変化が激しいために神経刺激への反応

が鈍化する「倦怠」の心情といった認知様式や心理特性が，都市部に暮らす人々の中に醸成されるのである。

大都市生活者における「悟性的態度」と「倦怠」

　ジンメルによれば「人間は区別する存在者」であって，「急速に交替しながら密集する表象，一瞥で把握できるものの内部でのいちじるしい差異，予期されずして生じた印象」によって多くの意識が消費される。小都市の心的生活が情意や感情的な関係に基づいているのに対して，大都市の心的生活では，街路上の往来や「経済的，職業的，社交的な生活の速度と多様性」が顕著な都市的な生活環境への対応・適応の結果，「主知主義的な性格」の形成や「悟性による反応」が支配的になる。

　また，「急速に変化し対立しながら密集するあの神経刺激」が上述の「大都市の知性の高揚」をもたらす一方で，都市におけるさまざまな変化や享楽生活は「神経を長く刺激してきわめて強い反応をひきおこし，ついには神経がもはやいかなる反応もあたえなくなるため，倦怠をうみだす」とジンメルは述べる（「大都市と精神生活」：274）。「倦怠」という心性は「事物の相違にたいする無感覚」であって，「事物の相違の意義と価値とが，それゆえに事物そのものが無価値と感じられる」ゆえに生じる。「倦怠した者にとって事物は，一様にくすんだ灰色の色調であらわれ」ることになるが，それはあまりに激しく物事が交替し流動的な様相を呈する都市的環境に対する，人々の意識の防衛機制である。それはまた，何らかの新しい刺激に対してそれにふさわしいエネルギーで反応できない無能力の表れであるがゆえに，人間の生活・生命の減退をもたらす心的現象とも言える。

　上記のような「悟性的態度」や「倦怠」といった心性は，多くのものが貨幣との交換比率（価格）でその価値が測定され，無数の事物が多くの人々の間で貨幣を介した取引が容易となっていくにつれて，より強化される。ジンメルによれば，

貨幣は，事物のあらゆる多様性をひとしく尊重し，それらのあいだ
　のあらゆる質的相違をいかほどかという量の相違によって表現し，そ
　してその無色彩性と無関心とによって，すべての価値の公分母にのし
　あがる。そうすることによって貨幣は，もっとも恐るべき平準器とな
　り，事物の核心，その特性，その特殊な価値，その無比性を，望みな
　きまでに空洞化する。(「大都市と精神生活」: 275)

　このように人は，貨幣を介することによって様々なものと距離を取り，
クールに計算高く評価するようになる。そうした意味で貨幣は理知的，悟
性的な態度を促すが，同時に「倦怠」のメンタリティを極限にまで高める
作用をもたらす。というのも，貨幣の介在によって「事物はすべて同じ比
重で，たえず流動している貨幣の流れのなかに漂い，すべて同じ平面に横
たわる」ものとなり，貨幣以外のあらゆるものの価値を引き下げて「色あ
せたもの」のように感じさせるからである。

「雑踏」にみる都市生活者の自由と孤独
　大都市生活と貨幣経済は，たくさんのモノや人との関係や価値秤量に量
的な尺度をさしはさむことによって，クールな感情やつながりの希薄さを
生みだす。それは，大都市に暮らす人々を「人間的な生活」から引き離す
かもしれないが，同時に，他の場所では決して得られないような自由や
個性化の余地を人々に与えもする。そうした両義的な感覚が最も強く感じ
られるのが大都市の「雑踏」である。ジンメルによれば，「大きな圏の精
神的な生活条件たる相互の冷淡さと無関心とは，……大都市のもっともこ
みあった雑踏において，もっとも強く感じられる」が，その理由は「身体
的な接近と密着とが精神的な距離をはじめて正しく明らかなものとするか
ら」である (「大都市と精神生活」: 279)。

第2部　都市・文化・貨幣

　東京の新宿や渋谷などのターミナル駅では無数の人たちが行き交い，どの瞬間を取っても同じ顔触れのままとどまることはないが，常にそのような「雑踏」の様相を表し続けている。そこに身を置く者は，こんなにもたくさんの人たちが同じ空間に存在するのに，自分を知る者，気にかける者，干渉してくる者がほぼ皆無であることに気づく。こうして大都市の「雑踏」において最も強く感じられる，「自分が自由であると同時に孤独である」という感情は，大都市に身を置く者の典型的な心情と言えるだろう。

参照文献

ジンメル，G.,「大都市と精神生活」『橋と扉』pp. 269-285（酒田健一・熊沢義宣・杉野正・居安正訳，白水社，1994 年）

〔徳田　剛〕

⑱大都市における人間関係

> 　大都市人同士の精神的態度は，形式的な点において冷淡と名付けてよいであろう。小都市では人びとが，出会う人をほとんどすべて知っており，だれにたいしても積極的な関係をもつが，……われわれが大都市生活の束の間の接触でふれあう人びとにたいしていだく不信への権利とは，われわれにそのような冷淡さを強要し，その結果われわれは，長年の隣人をも見知らぬことさえしばしばあり，そしてこの冷淡さが，小都市人にしばしばわれわれを冷酷で無情と思わせるのである。　　「大都市と精神生活」：276

大都市生活者の「冷淡さ」，「無関心」

　「都会暮らし」と「田舎暮らし」の違いは何か，と問われるとすぐに思い浮かぶのが，双方における「人間関係の濃淡」であろう。「田舎暮らし」では，お互いに顔の見知った人たちどうしの人間関係が中心となる。道で出会ったら立ち止まって挨拶や世間話をするのが当たり前。困った時に助けてもらったりおすそ分けをし合ったりする半面，いつも見張られているような，窮屈な感じがする時もある。それに対して都市部では，たくさんの知らない人に囲まれていて，他者に縛られる感覚がなく開放感を得られるが，人間関係の希薄さやいかんともしがたい孤独感に悩まされたりする。ジンメルは，こうした大都市特有の人間どうしの関わり方を鋭く捉えている。

　ジンメルは大都市生活者に典型的に見られる心性や行動原理として，「主知主義的・悟性的態度」の存在を指摘している。この基本原理は，都

市生活における人間関係においては，他者に対する「冷淡さ」や相互の
「無関心」といった形を取る。

> 心の活動は，この感覚の無意識性と迅速性と交替とを，もっぱら無
> 関心へと解消するように思われる。実際この無関心は，……われわれ
> には不自然である。そして，大都市のこの二つの典型的な危険からわ
> れわれを守ってくれるのが，潜在的な敵対と顕在的な敵対の前段階た
> る反感なのである。この反感が距離と回避とをひきおこすのであり，
> これらがなければ，この種の生活はけっして過ごされえないであろ
> う。(「大都市と精神生活」：277)

　このような形で，大都市に暮らす人々が周囲の人間やモノから心理的に
距離を取ろうとするのには理由がある。大都市では，モノや情報などと同
じように無数の人々が入れ替わり立ち代わりして，現れては消えてゆく。
そのほとんどが自分にとって見知らぬ，なじみのない人たちであり，そこ
で出会うすべての人と「田舎の人付き合い」のような濃密な人間関係を形
成することは不可能である。大都市では人々がお互いに冷たい関係である
ように見える。そうした希薄な人間関係は，確かに孤独や孤立，モラル意
識の低下の原因になるが，数えきれないほどの人たちと空間を共有しなけ
ればならない都市生活においては，こうした冷淡さや無関心な態度は，見
知らぬひとがひしめき合っている不自然な社会状況への適応形態であり，
都市に住まう人々が自らの心の平静を保つための「保護装置」である，と
いうのがジンメルの見解である。

匿名的な人々どうしの役割上のつながり
　とはいえ大都市生活者は，自分の周りの人たちすべてに距離を置いて無
関心を装っているばかりではない。高度で複雑な分業体制が発達している

大都市では，人々は相手がどのような役割を担っているか，どのような立場の人であるかのみを考慮して，必要に応じた人間関係やコミュニケーションを取り結んでいる。家を出て職場や学校へ向かう途中には，電車の駅員やバスの運転手とのかかわり，買い物に立ち寄ったスーパーマーケットやコンビニエンスストアの店員などの人たちとのやり取りが起こりうる。その際には，相手の名前や人柄，個人的な背景などはどうでもよく，あくまで「駅員」「運転手」「店員」としてのみ認識する（逆に，「私」は先方から単なる「乗客」「買い物客」としてのみ扱われる）。

このように，無数の見知らぬ人たちを単なる「役割遂行者」としてのみ認識し，必要な関係を取り結び解消するような「人々の関わり方」もまた，大都市では特によく見られるものである。その際に「潤滑油」や「接着剤」の役割を果たすのが貨幣である。万人にとって価値がある貨幣を介した売買や取引の関係は，そうした匿名的な役割遂行者間の人間関係をもっとも円滑かつ確実に取り結ばせるがゆえに，大都市生活において人と人を結びつける「媒介（メディア）」となるのである。

大都市生活者の「個性化」傾向

さらにジンメルによれば，大都市は，諸個人の社会的特性における独自性や個性の発達が促進される場所である。その理由の一つは，ジンメルの社会学的考察の主要モチーフの一つである「集団の拡大と個性の発達」テーゼ（→㊱）より導出される。「相対的に狭小な圏」においては，外部の敵対的な圏にたいする「強固な封鎖性」を持つ一方で，圏の内部においては「より緊密に結合し，そのため個々の成員は，独自の性質と自らにたいして責任ある自由な運動とを発達させる余地を，ごくわずかしか許されない」。それに対し，集団が大きくなり分業が進むにつれて，「集団の直接的な内的統一性」がゆるみ，「個人は……活動の自由を獲得し，さらには特色と特殊性とを獲得する」ことになる（「大都市と精神生活」：278）。

しかしながら，あまりに多くの「見知らぬ」「個性的な」人々に取り囲まれている大都市生活者にとって，自身に注がれる他者からのまなざしが必ずしも（個性化された）「私自身の存在」に向けられるわけではない。「倦怠」にさいなまれる者にとって，周囲のさまざまなものが「灰色の音調」のもとに受け取られるが，逆の立場から見れば，大都市においては「個性の発達」の余地は大いにあるにもかかわらず，他者の個性に対する人々の好奇心が摩耗しがちで，他者からの関心や承認がことさら得にくい場所でもある。

　こうした事情から，大都市では一部の人々の態度において「常軌を逸した異常，気まぐれ，気どり」が散見されるようになる，とジンメルは言う（同：282）。大都市生活においては周囲の諸要素の特性・差異に対する無感覚に捉われやすいことから，人々は「大都市生活の次元において自己の人格を主張することの困難」に直面する。それに対して「人は質的な特殊性に訴えて相違の感覚を刺激することによって，ともかくも社会圏の意識を獲得しようとする。これがやがてはついに，きわめて偏った奇異へと誘惑する」（同頁）。このことが，とりわけ大都市において，都市的な変化の激しさや移ろいやすさに負けまいと，他者に対する自己誇示とそれによって耳目を引こうとする行動や態度が見られる原因なのである。

大都市とコスモポリタニズム

　これまでに，大都市社会に見られる人々の「冷淡さ」や「無関心」な態度，「役割遂行者」としてのみ関わる匿名的な人間関係，「個性化」の進行とその強調の傾向について見てきた。これらの現象は，都市という空間に，他の地域では差別や排除の対象とされるような少数者（マイノリティ）や外国人など，多様な人々の共存を可能にするような性質を与える。

　ジンメルによれば，「大都市はまた世界市民主義の場でもあった」。大都市の生活においては，「その内的生活が波上に広範な全国的あるいは国際

的な領域へと拡張する」ことが起こっている。「物理的境界を越えた機能的な大きさ」を有していて，そこには高度な経済的な分業が生じている。その下では諸個人もまたその仕事の専門化を強いられると同時に，そうした環境においては「他者によって排除されえない」(同：280)。こうしたことに加えて，大都市に存在する他者への無関心な態度や心性は，他者の異質性への寛容さ，国際主義や多様性への感性を醸成する。

19世紀末から20世紀初頭のイギリスやアメリカ合衆国などにおいて，ルポルタージュやモノグラフの作品群で取り上げられた都市スラムの描写にもあるように，大都市は貧困や格差といった「悲惨」で「非人間的」な状態に対する無関心や冷淡さなどが際立つ場所である。しかし，同時に大都市は，他では認められないようなスティグマを伴った少数者 (マイノリティ) たちにも居場所を与えるような，寛容度の高い社会空間でもあった。ジンメル自身もアカデミズムでは不遇であった一方で，当時のベルリンを代表する知識人の一人として名声を誇った。まさに「都市生活者」としてのジンメル自身のありようが，大都市という場所の「懐の深さ」，そこに生きる者の「自由と孤独」といった特徴を体現していたと言えるかもしれない。

参照文献

ジンメル，G.,「大都市と精神生活」『橋と扉』pp. 269-285 (酒田健一・熊沢義宣・杉野正・居安正訳，白水社，1994年)

〔徳田　剛〕

⑲都市の美学

　　ローマが呼び起こす美的印象を心理学的に分析しようと試みる
なら，……この都市の外見が最初に指し示している，その中心に
至り着くことになる。その中心とはすなわち，高度な文化の歴史
が分岐して形作るのが常である巨大な対立が，ここでは，完全な
有機的な印象の統一を生み出している，ということにほかならな
い。　　　　　　　　　　　　　　　　　　　　　　　　「ローマ」：29

　　壮麗な一義的な明確さで魂に故郷の確信を与えるフィレンツェ
は，このような芸術である。しかしヴェネツィアは，もぎ放され
て海にただよう花のように，根を持たずに生の中を泳ぐ冒険のい
かがわしい美しさをそなえている。　　　　「ヴェネツィア」：112

ジンメルの「都市」エッセイ

　ジンメルの大都市に関する考察は，R・E・パークやL・ワースら初期
シカゴ学派の都市社会学者たちにも多くのインスピレーションを与えた。
社会学の教科書でもジンメルの「大都市と精神生活」は，都市社会学の古
典的研究の一つとしてよく取り上げられる。しかしその一方で，ジンメル
の都市をめぐる論稿には，それとは違った視点や文脈で執筆されたテキス
トがある。本節で紹介する「ローマ」「フィレンツェ」「ヴェネツィア」と
いうイタリアの3つの主要都市を論じた美学的エッセイがそれである。こ
れらは，都市社会の空間構造や住民構成，地域コミュニティの集団特性な
どを取り扱う都市社会学とは趣を異にしており，まさに「都市の美学」と

も言うべき，ジンメルの才知が溢れたテキストと言える。

都市の美学

　ジンメルは，「ローマ－ひとつの美学的分析」の冒頭で，美とはどのようなものかについて論じている。「美のこの上なく深い魅惑は，おそらく，それがいつもさまざまな要素の形式であるという点にひそんでいる」（「ローマ」：26）と述べる。しかもそれを構成する要素（言葉，色彩，石材，音など）じたいに美的特性があるのではなく，これらをひとつの「全体」へとまとめ上げる「形式」が，それらの総体に美的な価値を獲得させるというのである。

　都市は，多くの人々が集まり，移動し，協働するための場所であり，そのために多くの建築物やインフラストラクチャーが存在する。それらは，人間の営みや社会活動の何らかの目的のために作られたものであり，それらの意匠もさまざまである。しかしながら，それらを都市全体として眺めた場合には，各都市の地形や歴史，文化や産業などの諸特徴を反映して，都市の「個性」とでも呼べるような風情を醸しだすことがある。ジンメルにとっての「美」が「何らかの対象が諸部分の相互連関によって統一性を有している状態」として捉えられるならば，以下のエッセイでは，イタリアの3つの都市をあたかも「芸術作品」であるかのように，それぞれの都市のまとまり（＝美）の特性の違いが描き分けられている。

「ローマ」

　ローマの特徴としてジンメルが指摘しているのは，きわめて多様でおたがいにかけ離れた内容をもつ諸要素に「ローマ的」な特性を賦与して一つにまとめあげてしまうような，この都市が有する統一化の力である。

　　ローマという都市の像において，目的をめざす人間の営みが幸運な

第 2 部　都市・文化・貨幣

偶然によって一つに結ばれ，予期せぬ新たな美を生みだすさまが，この上ない魅惑を獲得しているように思われる。ここでは数限りない世代また世代が，連なり合い重なり合って，仕事にいそしみ建設に励んだ。……古いものと新しいもの，荒れはてたものと元のままに維持されたもの，調和的なものと不調和なもの，そこからどんな全体的形式を生ぜしめるかは，もっぱら，まったくの偶然の決定に委ねられていた。にもかかわらず，全体は測りがたい統一性をそなえ，さながら明確な意志がその諸要素を美のために結集したかのように見える。

（「ローマ」：28-29）

　ローマという都市が有する，「およそかけ隔たったものを融合することによる統一」（「ローマ」：33）をもたらす力は，例えば「時間の形式」において効力を発揮する。きわめて長い歴史を持つローマにおいては，2000年以上前の建造物やその廃墟もあれば，現代的な（当時であれば19世紀末の）建築物もあり，その建築年代や意匠はてんでばらばらである。しかしながら，ローマという都市がもつ統一化の力によって「時という視点はまったく重要性を失う」のであって，「それはさながら，歴史にまつわるすべての偶然性が消え失せ，事物の純粋な，のびやかに解放された内容が……肩を並べて現れ出てくるかのようである」（同：35）とジンメルは言う。こうしてローマという都市を構成する諸要素には，それぞれの持つ時間的・時代的制約を超えた「印象の無時間性，統一性」（同：34）がもたらされるのである。

　こうしてローマを訪れる者の目には，「法外な多様の統一」が形作られる。言い換えれば，「すべての対立を極度に緊張させながら，それに見合うほど強い支配力をもってこの対立を統一へと宥和する，ローマの美的な偉大さ」こそが，この都市の「個性」であり魅力の源泉なのである。

「フィレンツェ」

　次に，フィレンツェについてのジンメルの記述を見てみよう。

　　　サン・ミニアトの高みからフィレンツェを見おろし，この都が山々
　　に縁取られ，アルノ河が生の大動脈のようにその中を貫き流れている
　　のを眺めてみるがよい。この都の美術館や宮殿や寺院の芸術に魂を奪
　　われたまま，昼下がり，ぶどうとオリーブと糸杉の生い茂る丘をさま
　　よい歩いてみるがよい。この丘では，道や館や畑のどんなささやかな
　　隅々までも，偉大な過去の文化にどっぷりとひたされており，……そ
　　のとき，ここでは，自然と精神の対立が無にひとしくなっているとい
　　う心地が，悠然ときざしては来ないだろうか。(「フィレンツェ」: 93-94)

　ジンメルにとってフィレンツェという都市は，「古代の統一的な生感情
が自然と精神の両極に分解してからこのかた，……失われた統一を再び獲
得」(同：93) している。自然と文化は本来は別々の，非連続的な事象であ
るが，フィレンツェにおいては両者が合一している。別の表現によれば，
「この都市はさながら，魂のありとあらゆる隅々から，すべての熟したも
の，晴朗なもの，生気にみちたものをたずね出し，それらの内的な連関と
統一を不意に感得させることによって，そこから一つの全体を築き上げる
かのようである」とジンメルは評している (同：98-99)。このように，フィ
レンツェという都市の「個性」は，都市を形づくる構成物やまちの雰囲気
に充溢する「生」の力強さを備えていることにある。それに引き換え，次
に見るヴェネツィアの場合は，都市と人々の「生」との関係がまったく異
なった様相を帯びるものとして描出されている。

「ヴェネツィア」

　ローマやフィレンツェとともに，イタリア史にその名を刻む運河の街で

あるヴェネツィアについては，ジンメルの目には全く違ったトーンで描かれている。この都市を形作るさまざまな構造物は，（他の都市であれば何らかの形で結びついているはずの）人々の生との決定的な乖離を示しており，「真の生の実質や運動から分離し」ているがゆえに，都市として実に「人工的」かつ「虚偽」を有する，とジンメルはいう。

　例えば，「ヴェネツィアの建築とフィレンツェの建築との最も深い差異」として，次のように論じられる。フィレンツェの建築は，「外部が内的な意味の的確な表現」であり，そこに「譲ることを知らず不屈で，城砦のようで，石ひとつひとつにも感じ取られるほどの力」を見て取っている。それに対して「ヴェネツィアの邸宅は，巧緻をきわめた戯れ」であり，「その均整のとれた一様性がすでに，そこに住む人間の個人的な性格に仮面をかぶらせている」，「それは一枚のヴェールであって，その襞は……背後にひそむ生を，ただ隠すことを通じてのみあらわす」（「ヴェネツィア」：104）といった調子である。

　ジンメルにとって，文化や芸術は何らかの事物に手を加えてその性質を洗練させ，それによって人間の生をも充実した，洗練されたものへと高めていく一連のプロセスである（→⑳「主体の文化」と「客体の文化」）。その観点からすれば，フィレンツェにおいては諸物が人間の手によって作り出されていながらその生と深く結びついているのに対し，ヴェネツィアでは（元来は生と結びついていた）あらゆるものが生との結びつきを失ってしまっており，「魂の抜けた舞台面，まやかしの仮面の美ばかりが残されるよりはかなかったのだ」（同：106）。この都市のすべては生気のない，移ろいやすさを特徴としている。ヴェネツィアの「美しさ」はこうした生の欠落の上に成り立っていて，その点にジンメルはこの都市の「悲劇性」を見いだしている。

　つまり，ヴェネツィアを，われわれの世界把握の諸形式の，唯一無

二の序階の象徴たらしめている悲劇性は，こういうことである。すなわち，その基盤を放棄した表面，もはや生きた存在を内に保っていない仮象が，それにもかかわらず，完全な実質のように，現実に体験可能な生の内容のように，装うということ。(「ヴェネツィア」：109-110)

都市の「個性」をとらえる

　筆者の出身地である関西地方には，京都・大阪・神戸という3つの個性的な都市がある。「和風文化」の京都，「洋風文化」の神戸，「下町文化」の大阪といった風に，それぞれの特色を表す形容語とともにしばしば語られる（「京都の着倒れ，大阪の食い倒れ，神戸の履き倒れ」といった言い方もある）。このように，われわれは都市の特徴を人口や産業などの基礎的な情報のみならず，その「個性」でもって言い表すことがある。ここで紹介したジンメルのイタリアの3都市の叙述においては，都市を美学的な観点から眺め，実に洗練された語り口でその「個性」を叙述するような，独特の都市論が展開されているのである。

参照文献

ジンメル，G.，「ローマ」『芸術の哲学』pp. 26-44（川村二郎訳，白水社，1994）
―――，「フィレンツェ」『芸術の哲学』pp. 93-101（上掲書）
―――，「ヴェネツィア」『芸術の哲学』pp. 102-112（上掲書）

〔徳田　剛〕

⑳「主体の文化」と「客体の文化」

> われわれは事物を文化的に形成することによって，すなわちそれらの価値量を自然の機構がわれわれにあたえる以上に高めることによって，われわれ自身を文化的に形成する。すなわちこれは，われわれから出発してわれわれへと回帰する同じ価値高揚過程であり，この過程はわれわれの外部の自然もしくはわれわれの内部の本性をとらえる。　　　　　　　　　　『貨幣の哲学』: 501

ジンメルの文化概念

　ジンメルは,『貨幣の哲学』第6章や「近代文化の悲劇」などの論稿において，近代文化についての独自の議論を展開している。ジンメルによれば，文化 (die Kultur) は「文化的に形成された自然」として定義されるが，その意味の元となっているのは，ドイツ語の "kultivieren" という動詞である。日本語には「文化」という言葉を動詞として使う用法がないので訳しにくい言葉であるが，独和辞典では「洗練する」「開発・開墾する」といった訳語があてられている。この "kultivieren" という語は，人間が何らかの植物に手を加えて「栽培する」という風に用いられるが，転じて何らかの対象を「自然のままでもたらされるよりも純粋な，もしくはより明白な意義へと発展」させるというニュアンスを持つ。そして，「洗練化，精神化された諸形式」へと高められた諸事物をジンメルは「文化内容」と呼ぶが(『貨幣の哲学』: 501)，冒頭の引用文に示されているように，この営みは事物（客体）のみならず，人間（主体）そのものをもその視圏に収めている。つまり，ジンメルの文化概念は，文化的に高められた客体を取りこむこと

によって主体自身を高めるプロセスとして示されている。

「主体の文化」と「客体の文化」の関係

　こうして「文化」を主体と客体（ヒトとモノ）の関係，とりわけモノの発展や洗練化を通じてヒトの発展や洗練化を目指すプロセスとしてとらえるならば，文化内容の諸物の洗練化は，ヒトの発展を促すための前段階の作業として位置付けられる。ジンメルは，自然に生えている植物と「栽培された」植物の違いを例に挙げている。われわれの先人は，自然のままでは実が酸っぱすぎたり筋が多かったりしておいしく食べられないような自然の植物を，よく手入れされた畑に栽培し，肥料や水をやり，時には品種改良を加えたりして，より多く収穫ができ味のよい農作物をつくり出し，栽培してきた（『貨幣の哲学』：500）。これと同様に，私たちの生活を便利で豊かなものにする諸物（発達した交通手段，おしゃれで洗練された衣類や装飾物，生活を便利にしてくれるグッズなど）を文化的に形成する。このようにしてモノの発達・洗練化が進めば進むほど，人びとの生（活）はより豊かなものになっていくのである。

　しかしながら，時代が進むにつれて「個人の文化的な上昇が事物……のそれにいちじるしく遅れること」（同：521），すなわち科学技術の進歩や社会的な制度・仕組みの発達が人の発達を大きく踏み越え，時には人々の生活や営みをモノの文化の手段へと格下げしてしまうような事態が生じてくる。国民国家や地方自治体による社会的統治システムの整備，貨幣経済の浸透と資本主義による経済発展，科学技術の進歩や発明による生活の利便性の向上などが進展した社会では，社会圏の拡大とその仕組みの精緻化・複雑化が顕著となる（→㊱集団の拡大と個性の発達）。そこでは人々の生活や人生を豊かにするための「手段」であったはずの諸事物の進歩が独自に展開し，諸個人の自己彫琢のスピードと規模をはるかに追い越してしまう。

目的に対する手段のこの優越は，その総括と先鋭化とを次の事実に見いだす。すなわち生の周辺が，つまりは生の精神性の外部にある事物が，生の中核に対する支配者，われわれ自身に対する支配者となるという事実である。(『貨幣の哲学』: 544)

「文化の悲劇」か，主体の洗練化か

『貨幣の哲学』での議論において展開された，主体と客体，個人と文化内容の関係が逆転してしまうというトピックは，その後の彼の論稿において「文化の悲劇」という呼称とともに再度扱われている。そこでは，「主体の文化」のための道具・手段の発達を目指した営みが，「（主体の文化に対する）客体の文化の優越」，「文化の悲劇」といった表現とともに，個人存在が周囲の「事物の世界」の発展に圧倒され，道具化される側面が描かれている。この論点は，後世の論者によって「近代社会の矛盾や疎外」についての先駆的な議論として評価されることにもなった。

しかしながら，ジンメルはこうした現象をただ批判しようとしたのではない。主客逆転という免れがたい状況を踏まえたうえで，そこにあえて個人の発達や洗練化の契機やポジティブな作用を見いだし，希望を見いだそうとする意図もまた垣間見える。以下の引用には，近代の社会や文化の発展の「最前線」ともいえる大都市の諸現象に対するジンメルのスタンスが現れている。

　　この両者（主体と客体：筆者注）の闘争と和解の試みとの場所を提供するのが大都市の機能である。というのも大都市の独特な諸条件は，われわれにはこの両者の発展のための機会と刺激としてあらわれるからである。……われわれの課題は，告発したり諦めたりすることではなく，ただ理解することのみなのである。(「大都市と精神生活」: 285)

諸事物，あるいは文化や社会の発展は，時には（あるいはしばしば）人々を「手段＝道具化」し「奴隷化」するが，それでもなお，人々を前時代の古い社会的制約から解放し，個性の発達と感性の自由およびそのための手段を提供する以上，やはり人々を高めてくれるものでもある。こうした彼の両義的な捉え方において，近代の文化や社会を眼差す際のジンメル特有の視点を見て取ることができる。

参照文献

ジンメル，G.,『社会学』上巻（居安正訳，白水社，1994年）
―――,「大都市と精神生活」『橋と扉』pp. 269-285（酒田健一・熊沢義宣・杉野正・居安正訳，白水社，1994年）
―――,『貨幣の哲学』(居安正訳，白水社，1999年）

〔徳田　剛〕

㉑流行

> 流行は与えられた範例の模倣であり，それによって社会への依存の欲求を満足させる。それは個々人の行動をたんなる一例にしてしまうあの普遍的なものを与える。しかも流行は，それに劣らず，差異の欲求，分化，変化，逸脱の傾向を満足させる。流行は，今日の流行に昨日のまた明日の流行とは異なる個性的な刻印を打つ内容の変化によってこれに成功するのだが，それにもまして，流行はつねに階級的な流行であること，上流の流行は下層の流行と異なり，後者が前者と同化しはじめる瞬間に捨てられるという事実によって，成功を確実なものにする。したがって流行は，社会的均等化への傾向と，個性的差異と変化への傾向とを一つの統一的な行為のなかで合流させる。　　　　　「流行」: 33-34

模倣としての流行

　流行を社会学的に定義すれば，一定範囲の集団あるいは社会において短期間に大量に発生したほぼ同一内容の行動様式，と言うことができよう。この現象は，個人レベルと集団レベルで考察することができる。上述のジンメルの言葉は，その両方の視点から論じられている。まず個人レベルで考えてみよう。この観点から言えば，流行とは，自分の個性を捨てて他者の行動様式を模倣する行為である。なぜ模倣するのか。ジンメルは「われわれは模倣によって創造的エネルギーという要請を他者に転嫁するばかりでなく，同時に行為の責任をも転嫁する」と述べている（「流行」: 33）。すなわち，負担を避けるためである。他者と同じことをするという選択は，

自分で創造することを省くし，その結果責任を他者のせいにすることもできる。これは個人にとってまことに都合のよいことである。この点について彼は，模倣について「無思考をもってする思考の子」と，絶妙の表現をしている。個人にとって，流行に倣って身を処することは，いい意味でも悪い意味でもサンクションを避けることを可能にする。服装を例にすれば，特段のほめ言葉をもらえないかもしれないが，特段の侮蔑の言葉をもらう可能性も低い。これは気が楽であるから模倣する。すなわち流行に従うのである。

階級と流行

　次に流行を集団レベルで考えてみよう。ジンメルは流行を「階級的区別の所産」だとも言っている。ここで，ジンメルの言う「階級」とは，マルクス主義の定義するそれではなくて，一定の社会階層を意味する。彼は次のように論じる。流行は一定の範囲にとどまることが多いから，その人びとの集合を際立たせる。その際，特徴的なのはより下層の人びととの隔離として働く，ということである。だから，下層の人びとの間にも同じ流行が広がり始めるやいなや，その流行は終わりを告げるのである。このことは，新しい流行は常に上流階級に属することを意味している。そして流行を支える力とは，下層階級の上流階級への憧憬にほかならない。憧れは，身近なものや人よりも，遠く近づきがたいものや人のほうに生じやすい。したがって，流行のモデルは外の世界に求められることが多い。ジンメルはその例として，パリの流行がしばしば外国で流行になることだけを考慮して生産されることを指摘している。また彼は，流行には一定の社会層内での「団結」とその社会層とは違う社会層との「区別」が必要だという。逆に言えば，階級的区別のないところでは流行は生まれ得ないし，個人個人が個々ばらばらである場合にも流行は生じ得ない。彼は，階級形成がまったく行われなかったブッシュマンには流行がないし，1390年ごろの

第2部　都市・文化・貨幣

フィレンツェでは各人がそれぞれ独特の服装をこころがけたために，男性の衣服の支配的な流行は起こらなかった，と述べている。

女性と流行

　ジンメルはジェンダーと流行の関係についても興味深い議論を展開している。衣服の流行を考えてみよう。

　男性と比べて女性のほうが流行に敏感であり，流行の移り変わりが激しいことは多くの人が同意することであろう。それはなぜだろうか。ジンメルによれば，女性がおかれてきた社会的地位の弱さに起因している。すなわち，弱者は「個別化，つまり孤立して自力をもって自分を守る責任と必然性を引き受けながら現実に我一個として立つことをさけるからである」。「女性は，慣習，平均的なもの，一般的水準のこの堅固な基盤の上に立って，個々の人格のなお可能な相対的個別化と顕彰とを求めてつよく努力している」（「流行」：47）。「一般に女性の歴史は，その外的な生においても内的な生においても，個人においても全体としても，比較的大きな統一性，平均性，一様性をしめしているので，女性がすくなくとも，変化の領域であるこの流行の領域で，自分と自分の生活に―自分の感情に対しても，他の人びとの感情に対しても―刺激を加えるためには，ひときわ活発な活動を必要とする」（同：48）。

　いささかわかりにくい表現であるかもしれない。彼が言いたかったことはこういうことであろう。女性は社会的弱者であった。だから，目立つことによって批判の的にされることを恐れた。また男性のように職業をもって自己を表現する機会も限られていた。そうした限られた自己選択の環境において，それなりに自己主張が可能だったのが衣服であり，それが活発な衣服の流行として現出するのだ。それゆえ，彼は，現代の解放された女性は流行に無関心であるとも述べている。

原点としてのジンメル流行論

　ジンメルの流行論は，現代の様々な議論と親縁性をもっている。たとえ
ば，「沈黙の螺旋理論」で知られるノエル＝ノイマンは，「流行とは，流行
り始めの頃は孤立しないで公然と見せびらかすことができるものでありな
がら，さらに流行すれば，今度は孤立しないために公然と見せなければな
らない行動のあり方である」(ノエル＝ノイマン：135) として，「流行も世論で
ある」であると述べたが，これはジンメルが述べていたことと相通じる。
ジンメルなら，むしろ「世論も流行である」で言ったかもしれない。また
「コミュニケーションの二段の流れ」で知られるカッツとラザースフェル
ドは，実証データから未婚女性が流行の主要な影響者であるとしたが，な
ぜ未婚女性が流行に影響力を発揮するのかという問題を置き去りにしてい
る。この点に関してジンメルの議論は参考になるだろう。さらに鷲田清一
は「ファッションという現象には，ひとびとがたがいに相手の〈鏡〉と
なって，みずからのセルフ・イメージを微調整しあう」と述べたが，これ
はジンメルが述べた，流行における団結と区別のダイナミズムを言い換え
たものとも解しえよう。

参照文献

ジンメル，G.,「流行」『文化の哲学』pp. 31-61 (圓子修平・大久保健治訳，白水社，
　　2004 年)

カッツ，R. ＆ラザースフェルド，P. F.,『パーソナル・インフルエンス――オピニオ
　　ン・リーダーと人びとの意思決定』(竹内郁郎訳，培風館，1965 年)

ノエル＝ノイマン，E.,『沈黙の螺旋理論――世論形成の社会心理学』(池田謙一・
　　安野智子訳，ブレーン出版，1988 年)

鷲田清一，『ひとはなぜ服を着るのか』(NHK ライブラリー，1998 年)

〔早川　洋行〕

㉒社会学的美学

> あらゆる歴史的な生のかの重大な対立，すなわち，社会にとって個人はたんなる分肢であり要素であるにすぎないとする社会の組織と，個人にとって社会はたんなる下部構造にすぎないとする個人の評価，この両者の対立は，多様な歴史的諸条件の結果，こもごも優位をしめ，それぞれの瞬間にきわめてさまざまな割合で混ざりあっている。……全体の調和という同じ美的な魅力が，全体のなかで個人を消滅させるとともに，また個人の自己貫徹にも寄与する。　　　　　　　　　　　　　　「社会学的美学」：246

社会を美学的視点から捉える

　「社会学的美学 (die soziologische Äesthetik)」という短い論稿がある。このタイトルに象徴されるように，ジンメルには社会集団や諸個人の関係などの共通特性を抽出しその「形式」的側面から考察するような，「形式社会学」と呼ばれるアプローチだけではなく，社会現象を美学的視点から捉えようとする視座も併せ持っている。それどころか，「全体と部分の関係性」を説明するジンメルの「美」をめぐる議論は，個人と社会の（調和的な）関係という，彼の社会学説におけるきわめて重要な論点をも提示する。

均整（シンメトリー）と専制主義国家

　ジンメルはこの小論の冒頭において，「美」の基本原理を次のように説明している。

あらゆる美的な動機の端緒にあるのが均整である。事物に理念と意
　味と調和をもたらすには，まず最初に事物を均整よく形成し，全体の
　諸部分をたがいに調整し，それらをある中心点をめぐって対照的に秩
　序づけねばならない。これによって，たんなる自然的な形状の偶然と
　混乱とにたいする人間の形式賦与的な力が，もっとも明白で直接的な
　迅速な仕方で知覚される。(「社会学的美学」: 239)

　ジンメルは「たんなる自然的な形状」に対して「形式」を与えること，
そして「全体の諸部分をたがいに調整し……秩序づけること」に美的形成
のプロセスを見ている。そして，その初期的な段階で目指される「美」の
あり方が「均整 (シンメトリー)」である。美的な関心が社会形態に影響を
およぼす例として，ジンメルは古い時代における軍事的，租税的，刑罰
的，その他の下位集団が「10」や「100」といった切りのいい数字を単位
として組織化される傾向を挙げる。そして時代が下ると，その集団規模を
表す数字が次第に形骸化し，実際の構成員の数が多かったり少なかったり
しても10や100といった名称だけが残るという (同: 240-241)。
　こうした社会集団における均整化の傾向は，ジンメルによれば専制的な
社会に固有のものである。社会を均整的に統制することによって，「一点
からの多数者の支配をより容易にする」ことから，このような社会的形成
は「合目的性に由来する」が，「純粋に美的な形式的意義」も伴っている。
すなわち，「均整の魅力が，その内的な均衡，その外的な封鎖性，その諸
部分の統一的な中心への調和的な関係とともに，たしかに美的な魅力にお
いて協働し，この魅力が独裁，つまりは無条件的な国家意志を多くの人び
とにおよぼしている」というのである (同: 241-242)。したがって，(諸部分
の統制を基調とするために) 社会主義体制に基づいた国家は全体として均整が
とれており，「集落あるいは建物」が「円形かさもなくば方形に配列され
る」傾向などにそうした美的関心が表れている (同: 243)。

106

第2部　都市・文化・貨幣

不均整（アシンメトリー）と自由主義国家

　こうして均整という形の「最初の美的な歩み」は，「合理主義的な形式」，すなわち「悟性と計算」などが生に浸透していくことによって社会的な形成において姿を表すが，「やがて洗練化と深化とが，不規則なもの，不均整なものに，きわめて美的な魅力をふたたび結びつけるようになる」(「社会学的美学」: 239)。均整のとれた社会はその諸部分（個人や下位集団）に社会全体への寄与・貢献を強いるのに対し，その後の段階で現れる不均整な社会は，「それぞれの人びとが自己の固有の条件にしたがって独立に生きつくすという理想」に基づくために，「かくておのずと全体は，無規則で無均整な現象を呈するようになる」(同: 242)。かくして，社会の諸部分たる個人それぞれが自身の本性や目指すところに基づいて生きることを良しとする，自由主義や個人主義に基づいた社会は，結果として不均整な特徴を帯びることになる。こうした描写は，旧社会主義国の画一的で単調な町並みと資本主義国の活気はあるが雑然とした町並みを想像するとわかりやすいかもしれない。

美学的思考から見た「個人と社会」の原理的な対立

　以上のように，社会や集団の構成原理としての「美」，すなわち諸部分を統制して全体に統一性をもたらすことを目指す志向性は，国家体制の「均整」(専制主義・全体主義など)から「不均整」(自由主義・個人主義など)への移行という歴史的な過程として描かれる。だが，少し見方を変えると，社会と個人のどちらを「全体」と見るかによって異なる見方や価値観が提供され，時には（冒頭の引用文にあるような）両者が矛盾・衝突するような局面が示されることになる。

　社会は一方で「部分」としての個人に，社会全体への寄与・貢献を求めるが，そのことは個人をひとつの「全体」と見た時に貫徹されるべき内的統制を阻害しうる。逆に社会の側からすれば，「部分」であるべき諸個人

がてんでばらばらに考え，動くことによって「全体」としての統制が取れなくなってしまう。こうして「全体が諸部分をコントロールして内的な統合をはかろうとする」美的な動機や衝動が社会と個人の両方を捉えることによって，両者の間に原理的な矛盾状態が存在することになるのである。

把手論にみる「部分と全体の調和」のモチーフ

　「全体」としての社会と別の「全体」としての個人の対立，そして近代化に伴う社会や文化の振興に個人が劣勢を強いられ飲み込まれていく，という構図は，『貨幣の哲学』や近代文化をめぐる諸論稿などにおいて再三にわたって言及されている。その一方でジンメルは，現実における社会・文化と個人との対立構図および前者の優勢という事態に対する（論理的あるいは可能性のレベルではあるが）「対抗原理」として，個人が「社会の部分であると同時に全体」であるようなあり方を対置する。

　　把手，それはわれわれが水差しを掴み，持ちあげ，傾けるための部分である。把手によって水差しはまさに目に見えるかたちで現実の世界，すなわち，芸術作品それ自体としてはおよそあずかり知らぬあらゆる外部との諸関係の世界に突き出している。……水差しを芸術の彼方の存在に結びつけているところの把手は，同時にまた芸術形式のなかに組み込まれているのである。把手は，その実用目的とはまったく離れて，それが水差しの本体と共に一つの審美的景観を形成することをとおして，まぎれもない一つの形象として正当化されるのでなくてはならない。このような二重の意味をもつがゆえに，……把手は，大いに考察するに値する美学的問題の一つになるのである。（「把手」：126-127）

　ここでジンメルが取り上げているように，把手は水差しの「部分」であ

り，本体を持ち上げるという「実用的機能」のためのパーツにすぎない
が，同時に装飾性を帯びた「芸術作品」そのものでもある場合がある。こ
こでは，把手は「水差しの完結した統一性に一役買っていながら同時に，
その形式にとってはまったくどうでもよい効用性への手がかりでもあると
いう意義」を持ち，それが「調和もしくは均衡状態」に達していて，「把
手に対する純粋に形態上の美的要請が実現される」（「把手」：135）のである。

　これは，ジンメルの社会学的考察における「個人と社会の調和的関係」
についての議論と同型であり，本書の「③社会の３つのアプリオリ」の第
３アプリオリの内容を想起させる。社会の構成要素（部分）としての諸個
人は，しばしば社会集団や組織の一員として扱われ，いわば“滅私奉公”
的に与えられた役割を全うすることを求められる。そうした状況に置かれ
た時に我々は，自分の個性や才能，あるいは「自分らしさ」が生かされて
いない，犠牲になっていると感じがちである。逆に，自分の資質をいかん
なく発揮しながら，同時に社会や周囲の人たちにとって「機能している」
「役に立っている」と（自他ともに）感じられるならば，それは社会のメン
バーとしての「私」が充実し，光り輝いている瞬間と言える。

　社会の一部分であると同時に一つの全体でもあるような個人（生），そ
して両者の対立と調和のモチーフ。これがジンメルの美学的思考による社
会観（＝社会学的美学）の要諦と言えるだろう。「全体と部分の関係」を軸と
した考察は，ジンメルの社会学的な考察と後期の生の哲学に通底する，と
ても重要な論点と言ってよいだろう。

参照文献
ジンメル，G.，「社会学的美学」『橋と扉』pp. 239-247（酒田健一・熊沢義宣・杉野
　　正・居安正訳，白水社，1994 年）
　―――――，「把手」『文化の哲学』pp. 125-136（円子修平・大久保健治訳，白水社，
　　1994 年）

〔徳田　剛〕

㉓橋と扉

　　人間は結合をめざしながらもつねに分割をおこなわざるをえ
ず，分割せずには結合することもなしえない存在者であるがゆえ
に——われわれはまったくの無差別の姿で横たわっている両岸を
橋によって結合するためには，まずもって精神的にそれらを分割
されているものとして把握しなければならない。同様にまた，人
間は限界をもたない限界的存在者である。彼が扉を閉ざして家に
引きこもるのは，たしかに自然的存在の切れ目のない統一のなか
からその一部分を切りとることを意味している。しかし無形の限
界がここにひとつの形態を獲得するとともに，人間の限界性は，
扉の可動性が象徴しているところのもの，すなわち，この限界か
らあらゆる瞬間に自由のなかへと歩みでる可能性によって，はじ
めてその意味と尊厳とを見いだすのである。　　　「橋と扉」：42

分割と結合
　　ジンメルには両義的な現象や存在に対する鋭敏な感受性が備わっていた
ように思える（→㉖「神話の中の槍」）。内部と外部（→⑬「異郷人」），知って
いることと知らないこと（→⑥「秘密」），同じであることと違うこと（→㉑
「流行」），与えることと拒むこと（コケットリー→⑤「社交」），芸術と実用（把
手→㉒「社会学的美学」），人工と自然（廃墟），利己主義と愛他主義（装身具）
など，いくつも挙げることができる。エッセイ「橋と扉」が論じているの
は結合と分割の両義性である。そして，この両義性を体現する形象として
取り上げられているのが表題にある橋と扉である。

第2部　都市・文化・貨幣

　ふつう結合と分割は対立する概念と考えられている。あるものは結合しているか分割されているかどちらかであり，結合しているものは分割されていないし，分割されているものは結合していないはずである。しかしジンメルによれば，結合と分割はどちらも他方を前提としてはじめて成り立つ概念であり，切り離すことができないものである。そもそも分割されていないものを結合することはできないし，ふたつのものが分割されていると言うためには，それらが結合されている状態が先取りされていなければならない。

橋

　橋は分割されている川の両岸を結合する。ここでも川の両岸が分割されているととらえられるのは，両岸が結合されている状態が先取りされ，それと対比される場合のみである。橋が架けられる以前に橋がないことが意識されていなければならないのである。住井すゑの『橋のない川』では，被差別部落と村を隔てる川に橋がないことが，社会の分断，あるべき結合の欠如を象徴するものとして描かれている。橋はこの分断の克服の象徴である。人びとの橋への情熱は結合への情熱である。そしてこの情熱はいまや川だけでなく，海を越えて島と島を結ぶようになっている。これは橋についてだけ言えるのではない。道路・トンネル・鉄道，さらに電話・インターネットなど，さまざまなメディアもまた同じ情熱の産物である。

子供

　「橋と扉」ではないが，ジンメルは同じように子供がもつメディアとしての性格に触れている。ここでは事情は橋より少し複雑である。「内面的に疎遠となり冷えきった夫婦は，子供をほしがらないことになる。なぜなら子供は結合させるからである。……しかしときとしてはまた，きわめて熱情的な親密な夫婦さえ子供をもとうとしないこともある。なぜなら子供

III

が分離させるからである」(『社会学』上巻：99-100)。子供は単純に夫婦を結びつけるだけではない。初期条件が分割であるか結合であるかによって，子供のもつ意味は変化する。初期条件が分割であれば，子供は結合するものととらえられるし，初期条件が結合であれば，子供は分割するものととらえられる。「子はかすがい」と言われるが，初期条件の違いによって子は「かすがい」にもなるし「くさび」にもなるのである。ジンメルはこれに続けて橋に触れている。「橋はなるほど両岸を結びつけはするが，しかしやはりまた両岸のあいだの距離を計測しうるものとする」(同：100)。「橋と扉」では橋が両岸の隔たりを克服し両岸を結合することに力点が置かれていたが，ここでは子供に引き寄せて，橋が両岸を結びつけるだけではなく，両岸のあいだの距離を浮び上がらせることに触れている。おそらくすべてのメディアについて同じことが言えるだろう。メディア（media）とはふたつのもののあいだに立ち，それらのあいだの関係を媒介する（mediate）するもののことであるが，メディアは両者を結びつけるだけではなく，同時に分離するのである。

扉

　さて扉である。扉を取り付けるまえにまず小屋を建てなければならない。橋が分割されている自然を結合するものであるのに対して，小屋は連続している無限の自然から有限の一区画を切りとるものである。これによって，空間は有限の内部と無限の外部に分割される。この小屋に扉が取り付けられる。扉は内部と外部の境界に立ち，開閉によって内部と外部を分割したり結合したりする。小屋にはもうひとつの開口部として窓がある。「たしかに窓は，屋内を外界と結合するものとして，その他の点では扉と似ている」(「橋と扉」：40)。ジンメルは扉と窓の違いを，扉は出たり入ったりすることによって内部と外部を双方向的に結合するのに対して，窓は内から外に向かって一方向的に内部と外部を結合するところに求めてい

第2部　都市・文化・貨幣

る。「窓は外を見るためのもので，内を覗くためのものではない」（「橋と扉」：
40）。また扉は身体全体で通過するものであるのに対して，窓を通過する
のは視線だけである。「窓は目のための通路でしかない」（同頁）。そのため
ジンメルによれば，「窓には扉のもつ深い原理的な意義のほんの一部が分
け与えられているにすぎない」（同頁）。

　人間は扉を閉じることによって，外界から屋内を切り離し，そこに有限
の統一体を生み出す。しかし，扉は閉じられているときにも，つねに開け
ることができるという潜在的な可能性を伴っている。ジンメルは「壁は無
言だが，扉は語る」（同：39）と言う。扉は開けることが可能であるがゆえ
に，それが閉じられているときには，壁よりもいっそう強く拒絶を感じさ
せる。そして，扉を閉じることによって形成された有限の統一は，扉を開
けることによって，ふたたび無限へと開かれる。「扉からは生が，孤立し
た向自的存在の被限定性を脱してあらゆる方向へ進みうるという無制限性
のなかに流れそそぐ」（同頁）。このとき扉は「限界をもたない限界的存在
者」としての人間のメタファーにほかならない。ジンメルにおいて人格は
さまざまな心的諸要素の相互作用によって形成される「相対的な統一体」
であった（→㉟「これでもありあれでもある」）。したがって，それはいったん
外部に対して閉じられなければならない。しかし，人格はまた自己自身の
完成に向かう発展の途上にあるものであった。そのためにはいったん閉じ
られた扉はふたたび開かれなければならないのである。

参照文献

ジンメル，G.,『社会学』上巻・下巻（居安正訳，白水社，1994年）
————,「橋と扉」『橋と扉』pp. 35-42（酒田健一・熊沢義宣・杉野正・居安正訳，
　　白水社，1994年）
住井すゑ,『橋のない川』（新潮文庫，1981年）

〔浜　日出夫〕

㉔「女性文化」

むしろわれわれの客観的文化は，ごく少数の分野を除くなら，徹底的に男性的である。 「女性文化」：290

個々の女性が客観的な文化創造に成功すること，あるいは成功しうることは，だれしも否定しないであろう。 同：331

近代文化の問題

　ジンメルは文化を広く捉え，芸術や文学から社会システム，法や経済のあり方にいたるまで，およそ人間が生み出したものすべてを文化と呼ぶ。人間によって生み出され，人間からは独立した力をもつに到った文化は客観的文化と呼ばれる。たとえば，「法律」は人間によって生み出されたものであるが，それが「法律」として実効性をもつと，これを生み出した人間がそれに従わなければならない。通貨や株も，人間が創り出したシステムだが，人間の制御を越えてその価値を上下させている。コンピュータやスマートフォンも人間の創り出したものだが，そのはたらきは人間の生活を否応なく変化させている。

　客観的文化に対して，これを受容することで成り立つ個々の人間の教養を主観的文化とジンメルは呼んでいる。客観的文化は日進月歩で増大していくが，個人の教養である主観的文化は必ずしも同じテンポで発達していくものではない。ここに，主観的文化と客観的文化の解離が生じる。また，人間の制御が及ばなくなってしまった客観的文化がそれを生み出した主体である人間にとって，大変な手かせ足かせとなってしまうこともあり

うる。その場合には，人間は自身に対立するに到った客観的文化を壊し，新たな文化を創造することもある。たとえば，革命によって政治や経済の体系を変えることもありうるのだ。しかし，既存の文化をどのように打ち破っても，また何らかの新たな文化という形式をとらなければならない。

　多すぎる客観的文化とそれを受容しきれない主体との解離，また主体と，これと対立する客観的文化との際限のない対立，このような量的，質的な主観的文化と客観的文化との齟齬をジンメルは「文化の悲劇」と呼ぶ。そして，こうした文化の有りようを，引用文にあるように「男性的」であると考えるのである。これは，これまでの文化が主に男性によって創造され，担われてきたということを意味しているだけではない。ジンメルによれば，こうした主観と客観の解離，対立関係を生み出す本質が男性的な「生（Leben）」のあり方なのである（文化については→⑳「主体の文化と客体の文化」参照）。

性差本質主義

　このように，ジンメルが男女両性に関する問題を扱う時，両性の「生」のあり方の違いが前提されている。創造と破壊を繰り返す分裂的な「生」のあり方は男性的であるとされ，中心部に安らっている統一的な「生」のあり方を女性的であるという。たとえば，倫理的な命令に関して，「倫理的命令」と「現実的な衝動」の二元的分裂の中にあり，その対立に苦慮するのは男性的な本質であるという。これに対して，為すべきことと，為そうとする意志との間に対立を見いださない，ゲーテの言葉を借りて「美しい魂」といわれる状態を女性的な本質であるとジンメルは言う（「男女両性の問題における相対的なものと絶対的なもの」：88）。

　両性の違いを強調するのは，フェミニズムの立場に立つものにも，反フェミニズムの立場に立つものにもみられる。後者は，だから女性は政治に向かない，学問に向かない，などという論を展開する。前者の場合は，

男性にはできない特殊女性的なことや，男性を補完する女性のあり方への期待が論じられる。ジンメルの立場は前者である。だとすると，ジンメルは女性の力に一定の価値を見いだしてはいるものの，現代的な観点からすると，きわめて陳腐な女性論を展開しているように思われる。だが，彼の一連の女性論には，それでも注目に値する部分があると言えるのである。

　ジンメルが「女性文化」を書いた時代は，まだドイツでも女性は参政権も得ていない頃であり，女性運動に携わるものにとっては，女性が政治や学問などといった客観的文化に関わることを世間に認めさせることが重大な関心事であった。ジンメルとも関わりの深かったマリアンネ・ヴェーバー (Marianne Weber) は「新しい女性」(1914) の中で，女性もまた「自己形成」とともに「世界形成」を欲しているといい，客観的文化の創造に関わろうとするのは，女性にとってごく一般的なことであると述べている。女性は，自身の能力を自由に展開し，社会的，文化的なあり方に参与していくことを欲しているというのである。ジンメルも，マリアンネ・ヴェーバーの女性論に賛同している。二つめの引用文が，ジンメルのそうした立場を表しているといえるだろう。すなわち，実際の女性が男性文化だといわれる客観的文化の創造や発展に寄与することは十分にありうるのであり，それが女性にはできないと言っているわけではないのである。それでは，ジンメルの女性文化に寄せる思いとはなんなのだろうか。

もう一つの生のあり方

　はじめに述べたように，ジンメルは近代の客観的文化の持つ特徴を「文化の悲劇」と呼んだ。こうした悲劇性をもつのは客観的文化が主客二元性の中におかれた男性的な生の本質によって生み出されたものだからである。人間の生は文化という形式の中でしか具体的な姿をとることはできない。したがって，ある文化形式が主体にとって抵抗となり，主体がこれを破壊しても，結局は再び別な新たな形式を生むしかないのである。「女性

文化」は，主客の二元性を越えたところに生じるものであり，近代文化とは異なったものである。ジンメル自身，文化は生の客観化である以上，「女性文化」は形容矛盾であるとまで言う。それでも，もし何か，文化の悲劇を乗り越える可能性を提示することができるものがあるとしたら，それこそが「女性文化」であると言えるだろう。もちろん，これでは「女性文化」とは具体性を持たない，いわば一種の無い物ねだりのようではある。しかし，男性的な生や男性的な原理に基づく文化とは異なった，別な生のあり方を女性文化に期待していると考えられないだろうか。そして，実際に個々の女性が客観的文化を受容し創造することが可能であるように，男性が，この別な文化的創造に関わることもあり得るだろう。ジンメルにとって，女性は男性文化への遅れてきた参与者でもなく，男性文化の欠点を補うものでもない。むしろ，既存の文化形式を生み出すこととは異なることをなす可能性を提示するものであると言えるだろう。

参照文献

ジンメル，G.，「女性文化」『文化の哲学』pp. 288-333（円子修平・大久保健治訳，白水社，1976年）

―――――，「男女両性の問題における相対的なものと絶対的なもの」『文化の哲学』pp. 63-101（円子修平・大久保健治訳，白水社，1976年）

Weber, Marianne, 1914, "Die neue Frau", in *Frauenfragen und Frauengedanken Gesammelte Aufsätze,*Tübingen: J. C. B Mohr (Paul Siebeck) (1919)

〔川木　格子〕

㉕疎外と物神性

> 　客観的精神は主観的精神の意識から生み出されるところにもある。そしてそれは客観化されたのちに，主観的精神から切り離された妥当性と再主観化の独立的な機会とをもつ。……マルクスが商品生産時代における経済的客体に与えている物神的特性は，われわれの文化内容のこの一般的運命の特殊な変更を加えられた一事例にすぎない。　　　　　「文化の概念と文化の悲劇」：278-279

ヘーゲルからマルクスへ

　ジンメルとマルクスは，同じくヘーゲルから多くのものを受け継いでいる。ヘーゲル哲学は，意識の中の二重性を問題とした。人間は自分で自分のことを考えることができる。このとき考えている自分と考えられている自分は，同じ自分であって同じ自分ではない。この意識内の二者がよそよそしいものである状態を疎外と言う。ヘーゲルにあっては，疎外はあくまで意識内の問題であったし，それゆえそれを乗り越える試みも意識内の事柄だった。これが，マルクスが指摘した「ヘーゲルにおける二重の誤り」である。

　これに対してマルクスは，疎外を意識の外に持ち出す。たとえば愛しい人に手作り品をプレゼントしようとしたとしよう。手作り品は，アクセサリーでもお弁当でもいい。その作品には愛がこもっている。それを作る行為は楽しいものにちがいない。そして，もらった相手が喜んでくれたら，今度はもっと上手に作ってやろうと思うし，そこから工夫が生まれ，ものづくりの腕前が上達する。これは主観的精神がプレゼント品という形で客

観化され，そこから反作用して作り手の能力が向上するという形で再主観化されるという過程にほかならない。

　マルクスが問題にしたのは，資本主義的な商品生産においては，そうした循環が断絶して，生産されたものが労働者に対立するものになること（労働生産物からの疎外），商品を生産する労働そのものが楽しくないこと（労働疎外・自己疎外），それはまったく人間らしくないこと（類からの疎外），そしてそれらの結果として人間と人間の関係がよそよそしくなること（人間の人間からの疎外）であった。

マルクスからジンメルへ

　ジンメルは，マルクスがとらえたこのような疎外現象は，貨幣が広く流通するようになった社会の文化現象のひとつに過ぎないと看破する。なにもこのようなことは生産過程においてのみ起きるわけではないと言うのである。たとえば，原始時代には財産は消費手段だった。ところが今や財産といえば，土地や家屋，あるいは，まとまった貨幣といった生産手段である。今日では，文化的客体のもつ意義とか目的というものははるか遠くに押しやられてしまった。ジンメルはこのような現象を「疎外（Entfremdung）」とよばずに「距離化（Distanzierung）」とよんでいる。

　距離化は歪んだ人間を生み出す。文化的客体が本来持っている意義や目的が遠ざかるにつれて，それらの交換を媒介する貨幣の価値は高まった。貨幣そのものを究極目的とするのは，守銭奴とよばれる人間類型である。守銭奴にとって，貨幣は何かに換える手段であるから尊いのではない。貨幣は何にでも換えられる可能性を持つから，人間に全能感を与える。守銭奴はそれを欲している。そして，吝嗇漢とよばれる人間類型にいたっては，守銭奴にとって究極目的であって貨幣は，その水準を超えて，貨幣は畏怖すべき尊敬の対象，神聖不可侵の対象になっている。吝嗇漢は，もはや貨幣の僕（しもべ）なのである。

こうした人間類型が現れた後には反転も起きる。現金を無意味な購買に用いたり，自分にふさわしくない購買に費消したりする浪費者という人間類型の出現である。そうした浪費者は無駄遣いするという享楽を楽しむ。浪費者は，価値あるものを惜しげもなく捨てることで，自分が偉大になったような気分を感じているのだろう。吝嗇と浪費は貨幣をインプットするかアウトプットするかで方向性が正反対である。しかし，消費するものの価値よりも貨幣の価値を異常に重んじていることで共通している。

　ところで，浪費は，貨幣を否定的に位置づけるが，この点で共通するのが貧困である。貧困は，しばしば精神的理想として称揚される。こうした貧困の価値もまた貨幣経済が生み出したものだと考えられる。さらに言えば，吝嗇と守銭欲の裏面をなすのが，キニク主義（冷笑主義）と倦怠である。浪費と貧困において，貨幣の目的系列における否定が成立するが，それはキニク主義と倦怠によって完成する。キニク主義者は上から下への価値の運動に喜びを感じる人間類型であり，倦怠者はもはや価値感覚一般に無感覚になって，すべての事物を灰色の色調において感じる人間類型である。両者にあっては，貨幣がもたらす精神の高揚そのものが無化している。

ジンメル以後

　アメリカの経済学者ヴェブレンも，これとよく似た現象を論じている。彼は，有閑階級には「衒示的消費」という文化があって無駄遣いを自慢する。これに対して勤労階級には「製作本能」という文化があって効率の高いことを自慢する。二つの階級文化は正反対なのだが，いずれも見栄を張りたいという人間の欲望から生まれたものだという。

　消費において，商品が持っている使用価値よりも，その商品がもっている意味が重視されることをフランスの哲学者ボードリヤールは「記号消費」と呼んだ。記号のなかには貨幣価値も含まれるけれども，けっしてそ

れがばかりではない。たとえば，経済的には価値の低い質素なものを消費するのも，消費者のライフスタイルを飾る記号として，ある種の意味を持つからなのである。

イギリスの経済人類学者ダグラスらは，人間がものを消費する行為は，社会関係の中に埋め込まれたものだとして，それを「儀礼としての消費」と呼んだ。たしかに消費が儀礼としてなされることは，お中元やお歳暮の慣習を思い出せば，首肯できるだろう。しかし，こうした毎年定期的に行われる，安定した儀礼消費ばかりではない。ものを消費することに特別な執着をもつ人びともいる。日本の精神科医である大平健は，『豊かさの精神病理』において，異常に〈モノ語り〉をする人びとについて語っている。

このように貨幣経済はわれわれの社会と精神に深い影響を与え続けている。ジンメルの指摘は，その後の消費をめぐるすべての議論のルーツに位置すると言ってよいだろう。そして，表面上はまったく異なる諸現象のなかに貨幣経済の影響を見据えていたジンメルの論考は，本質的かつ総合的である点で，まさに古典とよぶにふさわしい内容を有している。

参照文献
ジンメル，G.,「文化の概念と文化の悲劇」『文化の哲学』pp. 253-287（圓子修平・大久保健治訳，白水社，2004 年）
大平健,『豊かさの精神病理』（岩波新書，1990 年）
ヴェブレン，T.,『有閑階級の理論』（小原敬士訳，岩波文庫，1961 年）
ダグラス，M.／イシャウッド，B.,『儀礼としての消費』（浅田彰・佐和隆光訳，講談社学術文庫，2012 年）
ボードリヤール，J.,『消費社会の神話と構造　新装版』（今村仁司・塚原史訳，紀伊國屋書店，2015 年）
マルクス，K.,『経済学・哲学草稿』（城塚登訳，岩波文庫，1964 年）

〔早川　洋行〕

㉖神話のなかの槍

> 貨幣経済の諸関係は，ますます明白にわれわれの文化の暗黒面としてあらわれるけれども，しかしまた，われわれの文化のもっともすばらしいもの，最高のものとしてもあらわれるにちがいない。したがって貨幣は，あらゆる歴史上の強力な諸力と同じように，自分が与える傷を治癒することのできる，神話のなかに出てくる槍に似ているといってよいであろう。
>
> 「近代文化における貨幣」：258

アキレウスの槍

　「神話のなかに出てくる槍」は，ギリシア神話のトロイア戦争の話に登場する「アキレウスの槍」のことだろう。それはこういう話である。

　　（ギリシア軍は），道を誤ってトロイアよりずっと南のミュシアに上陸した。ここにはヘラクレスの息子でテウトラニアの王テレポスがいて，ギリシア軍を船に追い返したが，ただ一人アキレウスだけが攻撃して，槍でテレポスの太ももを刺し重傷を負わせた。ギリシア軍はトロイアを遠く離れたことを知って，ミュシアを去り，アルゴスに戻った。ここにぼろを身にまとったテレポスがやってきた。自分に傷を負わせた者のみがその傷を癒すことができることを神託によって知ったからである。―中略―　アキレウスが槍のさびを傷につけると傷はなおった。テレポスはこれに感謝してギリシア軍をトロイアへ導いた。（マイケル・グラント / ジョン・ヘイゼル（西田実 / 入江和生 / 木宮直仁 / 中道子 /

第 2 部　都市・文化・貨幣

丹羽隆子訳）『ギリシア・ローマ神話事典』大修館書店）

貨幣の二重性

　ジンメルによれば，「中世においては，人間は一つの共同体ないしは一つの所有物に，封建的な組合ないしは団体に束縛されて所属していた」（「近代文化における貨幣」: 2234）。この統一を破壊したのが近代である。近代は，人格を自立させ，これに比類のない内的ならびに外的な活動の自由を与えた。別の言い方をすれば，事物は人格から自由になり非人格性を帯びるようになる。この分化の過程は，貨幣経済によって推し進められたのである。

　貨幣経済は，われわれを自由にしたけれど，それは人格を断片化するものでもあった。貨幣は，われわれの人格を「全体の全体性」の一部分としようとするが，個人もまた埋め込まれた社会から自由になって，様々な社会関係のなかに「個人としての全体性」を獲得しようとする。この戦いは「永遠の闘争」である。だから，貨幣を悪と決め付けることも善と決め付けることもできない。まさに矛盾に満ちた統一なのである。

事象の両義性

　以下では貨幣をめぐる議論から離れて，ひとつの事象にこのように正反対の二つの意味を読み取る相対主義の考えについてみていくことにしよう。

　事象の両義性を論じた社会学概念として有名なのは，アメリカの社会学者マートンの顕在的機能と潜在的機能である。マートンは参与者にとって意図され認知された機能を顕在的機能と名づけ，その逆に意図されず認知されない機能を潜在的機能と名づけた。たとえば，ホピ族の雨乞いの儀式は，それを執り行うことによって雨が降ることはないから顕在的機能はもたないが，集団的同一性を強化するという潜在的機能を果たしているとされる。あるいは，刑罰は犯罪者に対する結果としての顕在的機能と同時

に，共同体全体に対する犯罪抑止力を果たすという意味での潜在的機能を持っているということができる。

　例をあげよう。筆者の住む地域では，以前，幼稚園への集団登園の仕組みがあった。朝，保護者が子どもを集合場所に連れてくる。そこから数名の保護者が交替で子どもたちを園まで送るのである。この仕組みは，専業主婦が多く自動車運転免許をもたない人が多かったときには合理的だった。しかし，母親が外で仕事を持ち，かつ自家用車を運転するのが一般的な時代になると保護者から不満の声があがった。各自が自分の車で乗せて送っていったほうが楽である。そこでやがて，この仕組みはなくなってしまった。

　集団登園の潜在的機能に気づいたのは，小学校の運動会のときであった。運動会では保護者たちが，地域ごとにテントをたてて子どもたちを応援する。集団登園の際，一緒に歩いた子は，よく知っているから応援するし，その保護者たちとも話が弾む。ところが，その経験が無いとそれができないのである。さらに困惑したのは，ある時子どもが行方不明になって，学校から緊急連絡網で連絡が入ったときである。その子の名前は知っているが，顔は思い出せない。これでは探すにも探せない。すなわち，集団登園は園児を安全に送り届けるという顕在的機能ばかりではなく，じつは地域社会が子どもを見守り育てるという潜在的機能を果たしていたのである。

即時報酬と遅延報酬

　アメリカのマス・コミュニケーション学者であるシュラムは，ニュースについて，即時報酬をもつものと遅延報酬をもつものに分類した。前者は，即時的である「快楽」の報酬である。後者は，遅延的である「現実」の報酬である。

　越智昇は，この考えを日本の町内会・自治会分析に応用して，「親睦」

第2部　都市・文化・貨幣

という文化原理が即時報酬を，「分担」という文化原理が遅延報酬を参与者に与えることで，町内会・自治会は，自己保存を果たしてきたと論じた。つまり，人が「よかった」「楽しかった」と思う際には，二種類の意味があって，それを享受した直後に得られる即時報酬としばらくたって得られる遅延報酬がある。日本の町内会・自治会は，前者の報酬を提供する飲み食いを主とした親睦の機会と後者の報酬を提供する順番型リクルートの役員制度が組み合わされて成り立っている。

　遅延報酬は見えにくい。だから潜在的機能になりやすいのに対して，即時報酬は見えやすい。だから顕在的機能になりやすい。昨今，町内会・自治会の担い手不足が問題になり，あるいは PTA は本当に必要だろうか，などといった議論を耳にする。こうした議論には，その集団が与えてくれる即時報酬ばかりではなく遅延報酬の視点を入れてくることが大切だろう。ところで，このところ大学では毎学期「この講義を受講してよかったと思いますか」などの質問が入った「授業評価アンケート」をやることが一般的だ。はたして，大学の講義は，即時報酬を与えるものだろうか，それとも遅延報酬を与えるものだろうか。

参照文献

ジンメル，G.，「近代文化における貨幣」『ジンメル初期社会学論集』pp. 233-258（大鐘武編訳，恒星社厚生閣，1986 年）

越智昇，「ボランタリー・アソシエーションと町内会の文化変容」（倉沢進・秋元律郎編著『町内会と地域集団』ミネルヴァ書房，1990 年）

シュラム，W.，『新版マス・コミュニケーション　マス・メディアの総合的研究』（学習院大学社会学研究室訳，東京創元社，1968 年）

マートン，R. K.，『社会理論と社会構造』（森東吾・森好夫・金沢実・中島竜太郎訳，みすず書房，1961 年）

〔早川　洋行〕

㉗有用価値と美的価値

> 　事物の有用性価値から美的価値へのこの全発展は客観化過程である。わたしが事物を美しいと呼ぶとき，事物の性質と意義とは，それがたんに有用であるときとはまったく異なった仕方で，主体の気分と欲望からは独立している。事物がたんに有用であるかぎりは，それは代替可能であり，つまり同じ効果をもつ他のあらゆるものが，あらゆるものに代わることができる。事物が美しくなるやいなや，事物は個性的な独立存在を獲得し，あるものがわれわれにとってもつ価値は，たまたまその性質において同様に美しい他のものによってもけっして取り替えることができない。
>
> 　　　　　　　　　　　　　　　　　　　　　　『貨幣の哲学』：35

価値とは何か

　ジンメルは，価値を主体の欲求と客体の抵抗の関数として考えている。主体の欲求があっても対象がたやすく手に入るものであれば，そのものに価値は感じられないだろう。逆に対象がとても希少なものであっても，それが主体の欲求を喚起しなければ価値はないというべきである。経済的交換において主体の欲求と客体の抵抗を物的に表現するのは価格である。したがって，ジンメルにとって価値と価格は一体化している。通常，こうした考え方は，オーストリア学派の限界効用学説としてくくられることが多い。

　しかし，ジンメルは経済学者ではなかったから，価値を経済現象に限らず行為一般の文脈において用いていた。彼は次のように述べている。「わ

れわれの感情が事物に価値を授け，これにしたがってわれわれの行為を管
理するのでなければ，われわれは現実には少しも進むこともできず，少
しも考えることもできない。しかしこの行為そのものは交換の図式にした
がって行われ，最低の欲望満足から最高の知的および宗教的な財の獲得
まで，価値を獲得するためにはつねに価値が投入されなければならない」
(『貨幣の哲学』:47)。このようにジンメルは行為を交換と価値から理解す
る。そしてこの文脈では，価値と目的は，「同一現象の異なった側面」と
見なす。つまり，「その理論的‐感情的意義よりみて価値である事実表象が，
その実践的‐意識的意義よりすれば目的である」(同:235)。

　ヴェーバーが価値合理的行為と目的合理的行為を区別したことはよく知
られている。価値合理的行為とは「或る行動の独自の絶対的価値—倫理
的，美的，宗教的，その他の—そのものへの，結果を度外視した，意識的
な信仰による行為」であり，目的合理的行為とは「外界の事物の行動およ
び他の人間の行動について或る予想を持ち，この予想を，結果として合理
的に追求され考慮される自分の目的のために条件や手段として利用するよ
うな行為」(ウェーバー:39)である。ジンメルは価値と目的を同一のものと
見なすから，ヴェーバーのような立場をとらない。しかし，では価値合理
的行為である宗教行為と目的合理的行為である経済行為は同じものなのだ
ろうか。ジンメルにおいて，この問題に対応しているのが，美的価値と有
用価値の区別である。

有用価値から美的価値へ

　ヴェーバーは，価値と目的はまったく違うものだと考えていた。彼の有
名な『プロテスタンティズムの倫理と資本主義の精神』は，価値合理的行
為が「意図せざる結果」として目的合理的行為を助長したことを論じる。
これに対してジンメルは，美的価値と有用価値を連続したものとして考え
ている。初めにあるのは有用価値である。ある事物が有用であればそれは

価値をもっていると言える。そのような有用な事物は快の感情を生み出すだろう。やがてそうした快感は，事物の有用性から自立してくる。すなわち，合目的性から自由になって，主体にとってその対象の有用性が自覚されなくても，それはよいものとして評価される。ここに成立するのが美的価値である。だからジンメルは「美しいのはまず第一には，種族にとって有用であると示されたもの」だと述べている。

　ジンメルは，このように有用な客体と快の感情の強固な結合に美的価値の根源を認める。たしかにわれわれは，不潔な環境よりも清潔な環境に美しさを感じるし，不健康な身体よりも健康な身体を美しいと呼ぶにちがいない。もっとも人の趣味はそれぞれ多様だから，時には美的判断が異なることもある。しかし，それでも一定の水準において，人類に普遍的に存在する美的判断があるのは事実であって，それがなぜ成立するのか，という問題を考えたとき，ジンメルのこの主張には説得力があるだろう。

過同調あるいは儀礼主義

　美的価値の特徴は代替不可能性である。美的価値に導かれる人間は，その対象に絶対性を感じてしまう。この現象に極めて近いのは，アメリカの社会学者マートンが過同調あるいは儀礼主義と呼んだ類型である。過同調とは，状況に応じた対応をするのではなく規範や規則を重視して，どんなときにもそれに従おうとする態度を意味する。例えば，自動車がほとんど通らない，しかも見通しの良い一本道であっても赤信号であることを理由に，頑なに道を横断しない歩行者は，交通ルールに過同調であると言うことができよう。儀礼主義とは，マートンがアノミーの一形式としたものであって，制度的手段に同調する一方で文化目標に同調しない態度を指して言う言葉である。官僚制において「縦割りの弊害」だとか「たらい回し」として批判される現象は，官僚制組織において働く個人がその規則主義に同調することによって起きる。それは，本来大量の事務を迅速かつ正確に

第2部　都市・文化・貨幣

処理しようとして生まれた組織原理が，その原理を守ることによって本来の目標とはまったく逆の働きをしてしまう（逆機能になる）というパラドックスを意味している。

社交の価値

　では，美的価値は社会にとって有害な働きをするばかりなのだろうか。この点について注目すべきなのは，ジンメルが社交について述べた次の記述である。「社会的な生存における本来の『社会』は，あの共存，互助，対立であり，これによって実質的あるいは個人的な内容と関心とは，衝動あるいは目的によって形成あるいは促進される」。「とはいえこれらの特殊な内容の彼方に，これらのすべての社会化には，人びとが社会形成そのものの価値のためにまさに社会化されているという感情や，それについての満足がともなう」（『社会学の根本問題』：63）。ここで彼は，人間の社会関係は，それ自体で価値をもつと言っている。これはヴェーバーにはなかった発想である。こうした社交的行為は，ヴェーバーの社会的行為の4つの理念型のどれにも当てはまらない。というよりも，4つの社会的行為の深層にあって，他者との関係性を維持再生していくものだと言えるかもしれない。近年，高齢化社会が進展したこともあって，人と人とのネットワークの重要性が再認識され，それは「社会関係資本」とも呼ばれる。しかし，このことに気づいていた最初の社会学者は，間違いなくジンメルであった。

　参照文献
　ジンメル，G.，『貨幣の哲学』（居安正訳，白水社，1999年）
　―――，『社会学の根本問題（個人と社会）』（居安正訳，世界思想社，2004年）
　マートン，R.K.，『社会理論と社会構造』（森東吾・森好夫・金沢実・中島竜太郎訳，
　　みすず書房，1961年）
　ウェーバー，M.，『社会学の根本問題』（清水幾太郎訳，岩波書店，1972年）

〔早川　洋行〕

㉘人格と労働

　　現代の労働者の増大した自我感情は次のことと関連しているに
ちがいない。すなわち彼はもはや自己を人格として従属している
とは感じず，ただ正確に確定された―しかも貨幣等価物にもとづ
いてきわめて正確に確定された―仕事のみを譲渡し，そしてこの
仕事は，仕事そのものとそれによって担われる経営とがより事実
的に，より非個人的に，より技術的になればなるほど，まさにそ
れだけ人格そのものをますます自由にするということである。

『貨幣の哲学』：364

ギリシアの農婦

　これと正反対の記述をまず挙げておこう。

　　フランスの旅行者がギリシアの農婦についてきわめて特徴的に語る
ところによれば，彼女たちは刺繍物に彩色し，異常なほどそれにきわ
めて困難な手間をかけるという。〈彼女らはそれらをあたえる。彼女
らはそれらを取り戻す。彼女らはお金を見つめ，次には自分たちの作
品を，次にはまたお金を見つめる。お金はつねに結局は正しいものと
なる。そして彼女らは，自分たちがこのように豊かになったのを心悲
しみつつ去る〉。貨幣がもたらす自由は，たんに潜在的で形式的で消
極的なものにすぎないから，積極的な生内容との貨幣の交換は―空虚
となった場所に他の内容が他の方向からただちに押し移ってこなけれ
ば―人格価値の売却を意味する。(『貨幣の哲学』：447)

第2部　都市・文化・貨幣

　これはギリシアの農婦に固有な現象ではない。労働生産物が人格的価値の投下物である場合，それを商品として貨幣と交換する際には，しばしば困難が付随する。ジンメルは，コンサートへ行くものは期待された曲が演奏されれば満足するが，芸術家は貨幣では満足せず拍手喝采をも要求するし，画家は取り決めの代金を手にしても満足せず，主観的な承認と超主観的な名声が与えられて初めて満足する。首相は，年金のみでなく君主と国民の感謝を，教師と聖職者は給料のみならず，忠誠と帰服を要求し，すぐれた商人は商品の代金のみならず買い手が満足することを要求する，とも述べている。

つくる労働とこしらえる労働

　資本主義が発展してくると分業が進展する。分業は労働の中身を変えてしまうことは，まずアダム・スミスが注目したことであった。工場においてピンを大量に作り出す労働においては，製品のなかに人格的な価値を投下するのは極めて困難である。そうした資本主義的労働によって，労働者は自らの人格的価値とは別に，貨幣を手に入れられるようになる。ジンメルがみていたのは，その問題であった。

　この点にかかわって，農業を営みつつ生涯，在野の思想家だった前田俊彦は「百姓は米をつくらず田をつくる」と面白いことを言っている。彼によれば「米づくり」というのは比較的最近になってできた言葉である。かつて農民は，田をつくることによって米が実ると考えていた。米は，人間の力だけによってできるものではなく，雨や風そして太陽の力を借りることで，はじめてできる。だから人間がすることは「つくる」労働ではなくて「こしらえる」労働だと言うのである。こしらえる，とは，「下ごしらえ」「腹ごしらえ」という言葉があるように，何かができる労働であって，それをするからといって成果が必ずしも確約されるものではない。「つく

る」ことができると考えるのは幻想である。

　また彼は，農業のみならず，資本主義的企業における労働の本質も，こしらえる労働だと看破する。企業には，内部に総務，営業，製造，研究開発等など様々な部門があるし，職階によっても役割分業がなされている。それぞれの分野の社員が自分の仕事をすることで，企業としての利益を得ているのだから，一人一人の社員が行っている労働は，完結しておらず，つねに次の誰かが何かをすることができる労働であって，自分だけが上手くやっても企業全体の利益が上がり報酬が得られるとは限らない。しかし，このことは隠されている。資本主義的企業は，そこで働く社員に対して，こしらえる労働ではなく，つくる労働をしているのだと思い込ませるのだ。なぜなら，そのことによってこそ，社員の責任とモチベーションを高めることができるからである。

感情労働

　ジンメルが生きた時代は，19世紀後半から20世紀初頭であったから，前期近代と言ってよいだろう。この時代の産業は製造業が中心であったから，彼が目にした労働の変化は，職人が行うクラフト労働から労働者が行う工場労働への変化であって，その限りにおいて彼がとらえた意味は正しかったと言える。工場において製品を作る労働にあっては，機械的に手足を動かすことで足りていたから，肉体とはべつに精神の自由は確保されていた。

　しかし，後期近代にはいると，産業構造の中心は製造業からサービス産業へと移る。そうなってくると，人格的な価値と労働とのあらたな関係性が生まれる。この点に注目したのが，ホックシールドの感情労働という考えである。

　彼女は，現代社会にあっては「心」までが商品化されていると言う。たとえば，飛行機の客室乗務員という職業を考えてみよう。この職業につくものは，飛行機の乗客に対して常に笑顔で接しなければならないし，その

第 2 部　都市・文化・貨幣

時々の自分の気分をけっして面に出してはならず，乗客に対して，心から
歓待（おもてなし）しているのだというふるまいをすることを忘れてはなら
ない。すなわち，心は自己管理されなければならないのだ。すなわち，貨
幣は，肉体的身体的な世界を超えて精神的な世界にまで浸食してきている。

個人の全体性と全体の全体性

　時代はたしかに変わってきている。ではジンメルの主張はもはや時代遅
れになってしまったのだろうか。筆者はそうは思わない。ジンメルは，貨
幣経済の進展によって労働が非人格的になることによって得られる自由を
見ていた。そして彼は，個人の全体性と全体の全体性は「永遠の闘争関
係」にあるとも述べていた。これは多集団所属という近代社会の状況を踏
まえて理解されねばならない。

　製造業においてもサービス産業においても，働くものの労働において役
割が強制されるということに変わりがない。前期近代から後期近代への変
化は，それが深化したものとみなすことができる。その一方で，人々は労
働の部面とは隔絶された家族や地域や趣味の集団において生きる自由を手
に入れることができた。だとするならば，一人の個人がそれぞれの部面で
どのような全体性を確保するのかが問題であろう。そして，労働の部面に
おいて，どんなに個人への役割強制が強くなろうとも，個人がそのなかで
自分らしさを追求することは，けっして不可能であるとは思えない。

参照文献
ジンメル，G.,『貨幣の哲学』(居安正訳，白水社，1999 年)
ホックシールド，A. R.,『管理される心──感情が商品になるとき』(石川准・室伏
　　　亜季訳，世界思想社，2000 年)。
前田俊彦,『続　瓢鰻亭通信』(土筆社，1975 年)

〔早川　洋行〕

㉙銅ではなく信頼（NON AES SED FIDES）

> マルタ島の鋳貨には〈銅ではなく信頼 NON AES SED FIDES〉
> と刻印されているが，このことはきわめて適切に，信頼という要
> 素が鋳貨に付加されることがいかに不可欠であるかを示してい
> る。　　　　　　　　　　　　　　　　　　　　　　『貨幣の哲学』：170

貨幣取引の不思議

　私たちは日々，貨幣と引き換えに物を売ったり買ったりしている。貨幣
取引なしに私たちの生活は一日たりとも成り立たないだろう。ジンメルに
よれば，貨幣取引の特徴は，食料や衣服などの価値あるものが金属片や紙
切れなどのそれ自体では価値のないものと交換されるところにある。私た
ちにとってそれは日々繰り返される当り前のことであるが，考えてみれば
不思議なことではないだろうか。人はなぜ役に立たない金属片や紙切れと
引き換えに貴重なものを手放すのだろうか。

　こういうことを考えてみよう。あなたは八百屋の主人であるとしよう。
野菜の代金として客から受け取った紙片に「子供銀行券」と印刷されてい
たら，あなたは客に野菜を渡すだろうか。おそらく渡さないだろう。なぜ
「日本銀行券」と印刷された紙片であれば野菜を渡すのに，「子供銀行券」
だと渡さないのだろうか。それは，「日本銀行券」と印刷された紙片につ
いては次の人がそれを受け取るだろうと期待できるのに対して，「子供銀
行券」についてはそのような期待ができないからである。ジンメルはこの
期待を「信頼」と呼んだ。ジンメルによれば，それ自体では価値のない金
属片や紙切れと価値あるものの交換を可能としているのは，次の人もこれ

第2部　都市・文化・貨幣

を受け取るだろうというこの信頼なのである。この信頼がなくなれば，そのとたんに貨幣取引は成り立たなくなるだろう。そして，ジンメルはこの貨幣取引の本質を体現するものとして"NON AES SED FIDES"（銅ではなく信頼）と刻印されたマルタ島のコインを挙げている。

マルタ島へ

　1997年8月，このコインを見たいと思って地中海に浮かぶマルタ島を訪れた。地図で見るとシシリー島の南にある米粒ほどの島である。しかし，小さいながらも，EUに加盟しているれっきとした独立国である。空港に着くとさっそく両替してコインをひっくり返してみたがそのような刻印はなかった（当時はまだEU加盟以前でマルタリラという通貨だった）。『貨幣の哲学』が出版されたのが1900年であるから，たぶんもう使われていないだろうと予想していたので，がっかりはしなかった。翌日から世界遺産にもなっている首都ヴァレッタを歩き回った。ヴァレッタが聖ヨハネ騎士団の築いた城塞都市であることは塩野七生の『ロードス島攻防記』を読んで知っていたが，じっさいそれは岬をひとつまるごと要塞に変えてしまった巨大な石の塊のような街であった。狭い石畳の通りが碁盤の目に走り，三方で海に落ちこんでいるこの街では，どの角からもその先に明るく輝く地中海が見えるのが印象的であった。聖ヨハネ大聖堂や騎士館，病院，砦など騎士団ゆかりの史跡をみてまわりながら，アンティーク・ショップをみつけると入って尋ねてみたが，ジンメルのコインはいっこうに出てこなかった。

　これはジンメルに一杯食わされたかとなかばあきらめつつ，レンタカーを借りて，島の中央部にあるムディナという古都に向かった。周囲を圧するように丘の上にそびえるムディナはかつての首都であり，しんと静まりかえった石畳の通りと，観光客を拒んで固く閉ざされた家々の扉がいまも往時の威厳を保っていた。ムディナのなかでもひときわ高くそびえている建物が大聖堂であり，それに隣接して付属の博物館があった。入ってみる

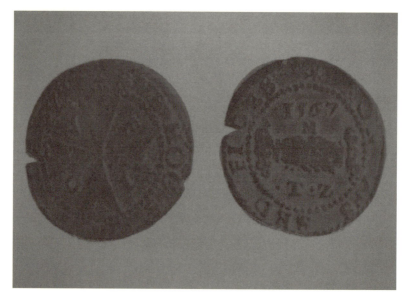

【写真】マルタ島のコイン（筆者撮影）

と教会の宝物や宗教画の展示がつづき，最後の展示室がコインの展示室であった。そして，それはそこにあったのである（写真参照）。

聖ヨハネ騎士団

　その部屋にはローマ時代以来マルタ島で鋳造されたコインが展示されていた。そして，部屋の中央に置かれた展示ケースのなかに "NON AES SED FIDES" と刻印されたコインは並べられていた。その刻印に縁どられて中央に描かれた図柄を見てあっと息を呑んだ。それは握手をしているふたつの手を描いたものであった。それはまさしく貨幣取引を支えている信頼を図像化したものにほかならない。そのふたつの手は，「いま私はこの銅貨と引き換えに私の大切なものを手放すけれども，次にはこの銅貨と引き換えに私の望むものを渡してくださいよ」と語っているかのようであった。貨幣取引を支えるこの信頼はふつうは隠蔽されている。貨幣にはなに

第2部　都市・文化・貨幣

か実体的な保証があるかのようにたいていは元首や国民的な英雄の像が描かれている。だが，そのコインは，刻印といい，図柄といい，信頼によって支えられる貨幣の本質を危険なほどに顕わにしてしまっていた。

　説明によれば，それらのコインは16世紀から18世紀にかけて聖ヨハネ騎士団によって鋳造されたものであった。コインの裏側には，八角十字と呼ばれる聖ヨハネ騎士団の十字の紋章が描かれていた。

　聖ヨハネ騎士団はもともと十字軍のときにエルサレムで創設された宗教騎士団のひとつであった。1291年のエルサレム王国滅亡とともに，ロードス島に移って，そこを本拠としてイスラム教徒と戦いつづけたが，1522年にロードス島もオスマン・トルコの手に墜ち，1530年にマルタ島に落ちのびてきたのである。

　じつはジンメルが聖ヨハネ騎士団に言及している個所がある。『社会学』の第4章「闘争」のなかで，ジンメルは闘争の一形式としての競争について論じながら次のように述べている。「1565年のトルコ人によるマルタの包囲攻撃のさい，騎士団長［ラ・ヴァレットをさす（訳者注）］はいかなる民族がもっとも勇敢であるかを示す競争を，全体の防衛のために徹底的に利用しようとし，騎士たちが所属するそれぞれちがった民族のあいだに島の堡塁を分配した」(『社会学』上巻：298)。ジンメルは「大包囲」のことを書いているのである。1565年オスマン・トルコは聖ヨハネ騎士団を追ってマルタ島に攻め寄せた。騎士団もこれを予想して着々とマルタ島の要塞化をすすめていた。訳者注にある騎士団長ラ・ヴァレットの指揮のもと，騎士団は今度はなんとかもちこたえ，ついにトルコ軍は包囲を解いた。ジンメルがここで民族間の競争として述べているのは，聖ヨハネ騎士団が出身地別に，アラゴン，イギリス，イタリア，オーヴェルニュ，カスティーリア，ドイツ，フランス，プロヴァンスの8つの軍団に編成されていたことをさしていると思われる。

　ヴァレッタに戻って買い求めた『マルタ：貨幣の歴史』(Azzopardi, 1993)

という書物によれば，最初に "NON AES SED FIDES" という刻印をもつコインが鋳造されたのは「大包囲」の翌年の1566年のことであった。

　1566年ラ・ヴァレットはトルコ軍の再度の来襲に備えて新しい要塞都市の建設をはじめた。こうしてつくられたのが今日のヴァレッタである。ヴァレッタは建設者にちなんでつけられた名前である。名門貴族の二男や三男から構成された聖ヨハネ騎士団はたいへん裕福であったが，さすがにこのヴァレッタ建設によって財政が逼迫した。そこでラ・ヴァレットは建設資金を捻出するために，将来銀貨と交換することを約束して，銀貨と同じ額面をもつ銅貨を発行した。そのとき銅貨に刻印されたのが "NON AES SED FIDES"（銅ではなく信頼）という言葉であった。したがって，それはもともと「これは銅貨だけれども将来かならず銀貨と交換します」という約束を意味していたと考えられる。しかし，そこには「いま私はこの銅貨を銀貨と同じ価値をもつものとして受け取るけれども，次もこれを銀貨として受け取ってくださいよ」という意味も同時に含まれていたはずである。じっさい "NON AES SED FIDES" と刻印された銅貨は，単なる一時しのぎを越えて，聖ヨハネ騎士団がナポレオンに追われてマルタ島を去るまで2世紀以上にわたって信用貨幣として鋳造され流通しつづけたのである。

　ジンメルははたしてこのコインが聖ヨハネ騎士団のものであることを知っていたであろうか。『貨幣の哲学』のこの部分を読むかぎりでは，ジンメルは握手の図柄のことも騎士団のことも知らなかったように思われる。もし知っていればジンメルが書かなかったはずがないからである。そうだとすれば，このコインはジンメルが考えていた以上にジンメル的であったと言わなければならない。なぜなら，ジンメルは貨幣取引の基礎にある信頼が宗教的な性格をもつことを指摘していたからである。

　ジンメルは，貨幣取引を支える信頼にふたつの契機が含まれていることを述べている（→⑦「信頼」）。ひとつは「弱められた帰納的知識」としての信頼である。これはいままでも次の人が貨幣を受け取ってくれたという経

験に裏付けられた信頼である。もうひとつは「超理論的な信仰」としての
信頼である。これは宗教的な信仰に類似した無条件的な信頼である。いま
まで次の人が貨幣を受け取ってくれたということは，次も受け取ってもら
えることを100％保証してくれるわけではない。100％確実ではないにも
かかわらず，私たちが次の人が受け取ってくれるはずだと信じて貨幣を受
け取るのは，そこに宗教的な信仰に似た超理論的な信仰が働いているため
である。表に聖ヨハネ騎士団の十字の紋章，裏に "NON AES SED FIDES"
という刻印に囲まれた握手をしているふたつの手の図柄をもつマルタ島の
銅貨は，神への信仰と他者への信頼という，貨幣取引を支える表裏一体の
信頼を簡潔に表現している。それはまさしく貨幣そのものであった。

参照文献

ジンメル，G.,『貨幣の哲学』(居安正訳，白水社，1999年)
―――――,『社会学』上巻・下巻（居安正訳，白水社，1994年)
塩野七生,『ロードス島攻防記』(新潮社，1985年)
Azzopardi, E., 1993, *Malta: The History of the Coinage,* Said Internatinal Ltd.

〔浜　日出夫〕

第3部

認識・歴史・生

㉚動機理解の限界

> 社会生活という織物には，職工は自分の織るものを知らないという言葉がとりわけよくあてはまる。　　『歴史哲学の諸問題』：39

主意主義と機能主義

　社会的行為を考えるうえで，主意主義的解釈と機能主義的解釈とでは，その方向性がまったく逆である。たとえば，ある地域社会に昔から受け継がれてきたお祭りに参加するという社会的行為を考えてみよう。参加する個人にとって祭りに参加することは，伝統を保守する行為であるかもしれないし，五穀豊穣だとか家内安全だとかといった祈りに似た宗教的な行為かもしれない。主意主義的解釈をするならば，こうした祭りへの参加は，伝統的行為あるいは価値合理的行為としての意味をもつ。

　これに対して機能主義的解釈においては，その祭りの意味は，祭りがもたらす結果から意味が導き出される。祭りを行うことで地域経済は活性化するかもしれないし，地域社会の紐帯は緊密なものになるかもしれない。機能主義的解釈をとれば，祭りの意味は地域経済へ活性化や地域社会の連帯において順機能をもつという意味をもつ，ということになる。

　ヴェーバーの理解社会学は，行為者の行為を主意主義的に解釈することで，歴史に起きたことを機能的にとらえようとするものだった。具体的に言うならば，近代初期において，プロテスタンティズムの倫理に導かれ禁欲的に生き，勤勉に働いて富を蓄積した人々は，「意図せざる結果」として資本主義を勃興させた，という具合にしてである。彼の理解社会学は，主意主義的解釈と機能主義的解釈が結びついている。

第3部　認識・歴史・生

　ところで，こうした主意主義的解釈は，行為者が目的をもって行為して
いることを前提している。しかし，この前提は本当に正しいのだろうか。
たとえば，ピアノの演奏家は，はじめは鍵盤を意識して探していても，や
がて連想のメカニズムによって正しく弾くようになる。また逆に身体的な
トレーニングなどで，意識せずにやっていたことが，あるきっかけがあっ
て意識的になされるようになったことで，それまで以上の効果を高めるこ
とができた，ということはよくあることである。

　それゆえジンメルは，「個人あるいは集団の諸行動のあいだの意味ある
結合を無造作に意識的な心的諸過程に探し求め，その目的論的性格からそ
れらの行動が生じてきたと考える素朴な前提が，どのような誤謬をもたら
すかは明白である」と述べて，個人の行為において，具体的な目的や動機
を想定することに否定的な立場をとっている（『歴史哲学の諸問題』：37）。

世界内存在としての社会学者

　ヴェーバーの理解社会学は，客観的な観察者の立場から世界をとらえて
いる。歴史のなかにある行為者の主観性もそれが結果としてもっていた歴
史上の意味も，ある観点をとったときに読み取れるチャンス（蓋然性）と
してとらえられるのである。すなわち，客観的な立場から，こういう歴
史の解釈の可能性があるだろう，と提示するのがヴェーバーの社会学であ
る。

　これに対してジンメルは，自らの立場を観察者であると同時に観察対象
と世界を共有する者の1人として二重化している。だから，彼の立ち位置
は曖昧である。たとえば，彼は，交換について「獲得を目的とする犠牲の
提供」（『貨幣の哲学』：69）と言ったり，「ある主体が以前に所有しなかったあ
るものを現在は所有し，その代わりに以前は所有したあるものを所有しな
いという事実の因果的に結合された二重性にすぎない」（同：46）と言った
りする。また，嫉妬は，羨望とは違って相手の持ち物ではなく相手自身に

143

対して自らの権利を主張する行為だと述べる一方で，それはまた両者の関係の破壊に結果するものだと述べる。言うまでもなく前者は主観的立場であり，後者は客観的立場である。ジンメルの社会学が現象学的社会学の源流のひとつに位置づけられるのは，彼が客観的な観察者の立場ではなく，観察対象と同じ意味世界の行為者の視点で，しばしば論じているからである。

　ヴェーバーとジンメルとでは，同じ主観的世界をとらえると言っても，その仕方は大きく異なっている。ヴェーバーは個人の目的や動機について，あくまで客観的な立場から理念型を使って把握しようとするのに対して，ジンメルは，個人の個別具体的な動機や目的を理解するのをあきらめて，人と人との相互作用に注目して，それを心的相互作用の形式としてとらえて，そこではたらくメカニズムを，あるときは行為者の立場で，またあるときは観察者の立場になって解明しようとする立場を取っている。

ミルズの「動機の語彙」

　諸個人の動機は，観察者が後から勝手に構築したものにすぎないということを明確に主張したのは，ミルズであろう。彼は次のように述べる。「『無意識的動機』という表現は『行為はすべて動機を有する』という必然性もなく確証もない観念に固執するばあいにのみ，支持される」（ミルズ：351）。彼は，構築された動機がもつ新たな意味を見出した。それは動機の語彙の選択が，その人物の行為の社会的正当性の獲得に結びついているということの発見であった。動機の語彙は，「その状況における規範的な行為を暗示し，正当化するものとして機能している」（同：347）から，その人は一般に言い訳のできないことを避けようとする。たとえば，約束の待ち合わせ時間に遅れそうになったとき，急な用事が入ったとか，電車が遅れたとか，体調がすぐれなかったとか，寝坊したとかの，言い訳を準備する。そうした「動機の語彙」を豊富にもつ人物は，そのなかから最も相手

第3部　認識・歴史・生

の許しを得やすい言い訳を選択して，提示することができるだろう。大義名分を立てれば，他者を怒らせることなく危機を円満に切り抜けて社会生活を送ることができる。言い換えれば，動機の語彙を豊富にもち，賢く操るということは，それだけ行動の自由をもつことでもある。

　ミルズにとって動機とは，他者から一方的に付与されるものではなく，目的へ向かう主観的要因でもない。むしろ，自己が他者にたいして行為の正当性をアピールする根拠としてとらえられている。

秘してこそ花

　しかし，言い訳がましいことはけっして美しくはない。自分の本当の気持ちを隠してこそ，相手に伝わる言葉もあるだろう。

　さて，冒頭の言葉に戻ろう。ジンメルはユダヤ人であったこともあって大学の正規職になかなかつけなかった。その際，彼を陰日向にあって支援し，何とか安定した大学の職につけるようにと尽力したのが，ヴェーバーだったと言われている。しかし，ジンメルは，職工は常に動機や目的をもって織物を編むという主張に同意できなかった。この言葉は，ジンメルが，ヴェーバー（織工）に対する遠慮をしつつも行った批判だったのではなかろうか。

参照文献

ジンメル，G.,『歴史哲学の諸問題』(生松敬三・亀尾利夫訳，白水社，1994年)

―――,『貨幣の哲学』(居安正訳，白水社，1999年)

ミルズ，C. W.,『ライト・ミルズ　権力・政治・民衆』(青井和夫・本間康平監訳　L・L・ホロビッツ編，みすず書房，1971年)

〔早川　洋行〕

㉛同感原理

　　人びとが相互に影響しあうということ，他の人びとがそこに存在して何ごとかを述べ，また行為したり感じたりするために，ある個人が何かをしたりされたりし，その存在あるいは成長を示すということ―これはいうまでもなく心的な現象であり，そのそれぞれの個々の事例の歴史的な成立が理解されるのは，ただ心理学的な模写によってのみ，心理学的なつながりのもっともらしさによってのみ，外面的に確証できるものの心理学的なカテゴリーを媒介とする解釈によってのみなのである。とはいえ独特の科学的な意図は，この心的な出来事そのものをまったく顧慮することなく，その出来事の内容を，それが社会化という概念のもとに配列されるように，それだけを追及し分解して関係づけることもできる。

『社会学』上巻：33

アダム・スミスとジンメル

　心理的な内容を論じるのは心理学だけだと思われがちである。しかし，アダム・スミスの『道徳感情論』とジンメルの社会学は，それが間違いであることを示している。よく知られているように，スミスは道徳の根源を同感原理に求めた。人間は，他者に同感することができる。この同感 (Sympathy) という人間性 (Human Nature) から，そこから他者に対してどのようにふるまうべきか，どのようにふるまえば，他者から気高く畏敬の念をもって迎えられるのか，という道徳感情が生じるのだと考えた。一方，ジンメルは心的相互作用として社会をとらえる。社会とは人々の織りなす

相互作用のネットワークであり，それは目に見える行為であると同時に目に見えない心と心のやりとりなのである。彼はその観点から，諸個人の心理を心的相互作用の形式として抽象することが可能だと論じた。

相関の社会学と相似の社会学

　彼の代表的な著作である『貨幣の哲学』には，スコットランド啓蒙思想の思想家としてアダム・スミスのほかに，もう一人の人物への言及が見いだされる。それが，ヒュームである。ジンメルは次のように言っている。「ヒュームが注意を向けたのは，われわれが原因と結果と呼ぶあの事実的に必然的な結合がけっして確認できず，それについて経験できる現実的なものはむしろたんに二つの出来事の時間的な順序に過ぎないということであった」(『貨幣の哲学』：326)。ヒュームは，因果連関とは，しょせん習慣から導き出されたもので，結局は可能性の問題でしかないとした。

　ジンメルは，この同じ問題に『歴史哲学の諸問題』において答えているように思える。彼は，歴史のなかに因果連関を読み解く際の問題を論じて，その際にはいくつかのアプリオリな認識上の条件がなければならないと主張する。

　実際のところ，ジンメルにはヴェーバーの『プロテスタンティズムの倫理と資本主義の精神』のような歴史上の事件を扱った業績は存在しない。ヴェーバーのこの書は，彼がエートスという言葉で名づけた人々の心的傾向をキーワードにして，資本主義の勃興という歴史変動を解明したものだった。ヴェーバーは，まさにヒューム流に，自らの解釈を述べるにあたって理念型を用いた蓋然性として論じている。

　一方ジンメルは，こうした因果連関を相関として論じる方法論を放棄したように思える。むしろ彼が注目したのは，ある事象と別のある事象との「相似」であった。そして彼がとらえる事象は心的相互作用であったから，人と人との心的相互作用のなかに普遍的に読み取れる特徴こそ，彼が見よ

うとしたものであった。

　たとえば，闘争と競争。闘争とは相手を倒すことそのものが目的となった相互行為であり，競争とは相手を倒すことによって得られる何かが目的となった相互行為である。前者は何も生み出さないが，後者は自己能力の向上につながる，と彼は言う。たとえば，羨望と嫉妬。羨望は，相手その人ではなく相手の人の持っている何かに向かってのものであり，嫉妬は相手自身へむかうものである。そして羨望する人は，自らの権利を主張しないが，嫉妬する人は，自分にも相手と同等以上の権利があると思っている。前者は関係に無害であるが後者は関係を破壊するように作用する。

　ヴェーバーが目指したものが相関の社会学であったとしたら，ジンメルが目指したのは相似の社会学だったといえるであろう。

ジンメルからゴッフマンへ

　ジンメル以後，こうした心的相互作用を論じた社会学者と言えば，アメリカの社会学者アーヴィング・ゴッフマンであろう。彼は日常生活を演技的行為によって構成されているものと見なした。ゴッフマンによれば，演技は自己的動機からも愛他的動機からも行われる。たとえば，女子学生が男子学生の前で愚かな態度を見せたり男子学生が女子学生の前で見栄をはったりするのは，相手の歓心を買おうとするからだが，医者が患者を励ましたり，教師が生徒をほめたりするのは，相手を元気づけようとするからに他ならない。また演技は，互いの関係を無難に維持しようとする場合にも行われる。たとえば，遠くから友人がこちらに向かって歩いてくるのを目にしたとき，距離が離れた段階でそれに気づいたとしてもそのそぶりを見せず，相手がちょうどよい間合いに来た時に初めて気づいたふりをして挨拶する。これは彼が儀礼的無関心とよんだ演技的行為である。

　ゴッフマンの演技的行為論は，人と人との相互作用に注目していることで，ジンメルの社会学に近似している。しかし，そこには重要な違いがあ

ることにも注意したい。第一の相違点は，ゴッフマンの分析は，相互作用そのものではなく相手からどのように見られているのかという視点を組み込んだ個人の行為を論じていることである。ゴッフマンの立場は方法論的関係主義と言えなくもないが，どちらかと言えば方法論的個人主義に近い。第二の相違点は，ジンメルの心的相互作用とは違って，目に見える形での演技（パフォーマンス）を問題としていることである。それゆえに，ゴッフマンの演技的行為は，より個別的な社会，階層における文化が反映したものになっていて，ジンメルが論じた内容と比べると普遍性が低いと言わねばならない。たとえば，彼は演技的行為の例として，地下鉄の中で何もしていない自分の姿を人目にさらすのを避けるために新聞を読む乗客の例をあげているが，これは日本においてはまったく説得力が欠ける主張だろう。

　ジンメルがとらえようとしたのは，普遍的な心的相互作用の形式であった。彼はアダム・スミスがそうであったように，どの時代にあってもどの国にあっても変わらない，ヒューマン・ネイチャーを探し求めていたのかもしれない。

参照文献

ジンメル，G.,『社会学』上巻（居安正訳，白水社，1994年）

―――,『歴史哲学の諸問題』(生松敬三・亀尾利夫訳，白水社，1994年)

―――,『貨幣の哲学』(居安正訳，白水社，1999年)

スミス，A.,『道徳感情論（上）』(水田洋訳，岩波文庫，2000年)

ゴッフマン，E.,『集まりの構造』(丸木恵祐・本名信行訳，誠信書房，1980年)

〔早川　洋行〕

㉜他者理解

愛したことが一度もない者は，愛している者をけっして理解しないであろう。胆汁質の人は粘液質の人を，柔弱な者は英雄を理解しないだろう……われわれの理解は，行動が象徴している情緒をわれわれ自身が余すところなく感じとる折りが多ければ多いほど，他人の動作，身ぶりにますます容易に応じられるようになる。

『歴史哲学の諸問題』：54

社会的歴史的主体としての人間

ジンメルは『歴史哲学の諸問題』において，歴史的認識とは，人間の心的過程の認識であると言う。人間とは社会的歴史的な存在であり，また，表象し，意志し，感情を持つ存在である。歴史を構成するのがこのような人間の心であるとするならば，歴史認識の客体は人間の心であるということになる。他者理解を論じるにあたって，『歴史哲学の諸問題』を採り上げるのは，歴史認識が「人の心の理解」だと考られるからである。

カントが自然科学的認識を基礎づけたように，ディルタイは精神科学的認識を基礎づけようとした。ジンメルはディルタイと同じように，人間を，単に理性的な存在と見るのではなく，意志と感情を併せ持った具体的で，生きた存在であると考える。そうした生きた人間の心的過程を理解することが歴史認識である。このように考える点でジンメルは，ディルタイが精神科学の認識を論じたのと同様の観点を持ち，ただその対象を歴史学に絞って論じたと見ることができるだろう。

ジンメルは，こうした人の心の認識を可能にするには心理学的なアプ

第3部　認識・歴史・生

ローチが必要であると考える。そして，カントのアプリオリな認識のカテ
ゴリーに対して，「心理学的アプリオリ」を想定する。

心理学的アプリオリ

　心理学的アプリオリは，他者の心を理解するためのカテゴリーである。
ジンメルはカントのカテゴリーを，認識の最も普遍的な形式であると考
え，自身の想定する心理学的アプリオリは，アプリオリなものではある
が，経験的に獲得され，ただ特定の内容にだけ適用できるような形式であ
ると言う。ジンメルによれば，両カテゴリーの間には，漸次的な移行があ
るにすぎない。ただ，カントのいう形式が認識の最初の段階であれば，精
神を理解する形式は認識の最後の段階であるということになる（『歴史哲学
の諸問題』：20）。

　心理学的アプリオリとは具体的にどのようなものなのか。人間の身ぶ
り，顔つき声音など，外面に表れる事柄の背後には，なんらかの心の動き
がある。われわれが他人の心を知ろうとする場合，その人の外面に表され
たことから推論していく。ここで前提されているのは，他人の心的事象と
外面的な表現との結びつきは，自分自身の場合とほぼ一致しているという
ことである。もちろん，ジンメルもこれはあくまでも一つの仮説であると
は言っているが，それでもこれを「或る主体と他の主体とのあいだの実践
上，認識上のあらゆる関係のアプリオリなのである」と言う（同：23）。

人格としての心的統一

　他人が外面に表したことからその内面を推論していくことが，他者理解
の前提ではあるが，たとえば泣いているという外面的な表現は必ずしも
「悲しみ」という内面の表れであるとはかぎらない。「悔恨」「後悔」という
ような気持ちであったり，これが含まれた複合的な心情の表れであるかも
しれない。また，まったく逆に「喜び」「感動」という内面の表れである

151

ことも考えられる。外的に表されたことが心的なことと一義的に結びついているわけではないのだ。それでも、われわれは外面から他人の心的事象を推し量ることが可能である。それは、外面的に表されたこと一つ一つを個々別々に理解しようとするのではなく、ある外的表現の後に続く別な外的表現をまとめて、そこに一連の心的系列を見いだし、この総体としてのあり方を人格として捉えることによって可能になるのである。

　このように見れば、他者理解とは、心的統一体としての人格を理解することであると考えられる。他人の心は、自身の心と同様に統一体であり、様々な心的事象の連関である。他人の心的事象が、このようなものとして理解可能であるということは、ジンメルにとってアプリオリな命題であると言えるだろう。

歴史的－心理的意味における模写

　個々の外面的な表現をつないで一つの心的連関を捉えるためには、認識する側の人間が自身の主観によって、他人の、外的な表現と表現の間にある心の動きを推論し、補完し、心的過程の全体を統一的に捉えなければならない。ジンメルによれば、そこでは「歴史的＝心理的意味における『模写』」(『歴史哲学の諸問題』: 53-54) がなされている。模写をするためには、対象となる人物によって意志されたもの、感じられたものを、自身もまた、ともに意志し、感じなければならない。ここから、ジンメルは「愛したことが一度もない者は、愛している者をけっして理解しないであろう」と言う。

　他者理解を深めるためには自身の心的経験が必要になる。もちろん、模写されたものは、もとの人物の心と同一であるというわけではない。模写は先にふれた心理学的アプリオリである主観の理解のカテゴリーを通してなされるので、ここには必ず理解する側の、すなわち主観の心的な働きがある。ジンメルによれば、理解する人の心的体験は、その人にとっての特

殊，個人的な体験であっても，他者理解のための不可欠な素材となるのである（同：98）。

他者理解の普遍的妥当性

　ジンメルにおける他者理解の最も重要な点は，主観が構成する対象の人格の統一性である。他者を理解する主観が，対象となる他者の外的表現から，統一的で理解可能な心的過程を見いだすことができれば，認識主体にとって理解が成立したことになる。もちろん，これは，同じ対象について，誰もが同じ理解に達するというような意味での普遍性や客観性はもたない。他者理解が成立する場合の普遍性の契機は，他人の心的過程を模写し，人格の統一性を構成する主観の側にある。

　われわれは絶えず他者とともにある。似た境遇にある他者に囲まれていることもあれば，まったく異なった背景を持つ他者を生活圏に含む場合もある。生活習慣や宗教などを異にする他者は，似た状態にいる他者よりも理解が困難であることは，ジンメルの他者理解論に即して考えてみても明らかである。しかし，他者を心的諸過程の統一体として，一人の人格として捉えうるということは，われわれにとってアプリオリな事柄だといえるだろう。

参照文献

ジンメル，G.，『歴史哲学の諸問題』(生松敬三・亀尾利夫訳，白水社，1994年)

ディルタイ，W.，『精神科学序説――社会と歴史の研究にたいする一つの基礎づけの試み』上巻 (山本英一・上田武訳，以文社，1979年)

〔川本　格子〕

㉝歴史理解

> ランケは，事物をそれがあったとおりに見るために自己を消し去ってしまいたいという願望を口にしているが，もしこの願望がかなえられたら，まさに彼が思い浮かべた成果は廃棄されてしまうであろう。自我を抹消してしまったあとには，それによって非我を捉えることのできるものはなにも残らないであろう。
>
> 『歴史哲学の諸問題』：98

歴史認識の対象

　ジンメルによれば，歴史とは人間の心的諸過程の歴史である。歴史的社会的な諸事象が人間の心から生み出されたものであるかぎり，歴史もまた人間の心の所産であり，歴史認識の対象となるのは人間の心であるということになる。

　ジンメルに先立って，ディルタイは自然科学に対して，「歴史的社会的現実」を対象とする諸科学全体を精神科学とし，自然科学に対する独自性を主張した。その際，ディルタイは，人間を理性的な存在者として捉えるだけでなく，意志や感情を併せ持った存在であると考え，こうした人間を歴史的社会的現実の構成単位であるとした。そして，カントが自然科学的認識を基礎づけたように，ディルタイも精神科学一般の認識を基礎づけることを試みる。ジンメルも，ディルタイと同様に，人間の心を理解することを歴史的理解の根底において歴史認識を論じた。ディルタイが精神科学的認識全般を扱うのに対して，ジンメルは，そのなかでも特に歴史の認識論を問題にしている。

第3部　認識・歴史・生

カントの認識論と歴史の認識論

　カントは自然科学的な認識を基礎づけた。カントは対象となる外界を認識しようとする際，物自体としての対象をそのまま，われわれのうちに写し取ってくるとは考えていない。時間と空間という感性の形式において捉えられた現象を，悟性のカテゴリーを通して，認識の主体となる主観のなかに構成して，認識が可能になる。

　ジンメルは，このことは，歴史的理解においても同様であると考える。対象となる心的な事象は，主観のカテゴリーを通して理解されることになる。したがって，歴史的理解というのは，事実をそのまま鏡に写し取るようにして成り立つものではなく，主観の形式のうちに構成されたものだと言うことができる。ジンメルは『歴史哲学の諸問題』のなかで，自分は「歴史的リアリズムの批判」を展開するのだと述べている（『歴史哲学の諸問題』：9）。

　歴史的社会的な人間の心の理解とは，他者の心を理解することである。そこで，ジンメルは，「心理学的アプリオリ」という他者を理解するための，主観のカテゴリーを示す（「心理学的アプリオリ」については「㉜他者理解」を参照）。これはカントの悟性のカテゴリーに相当するものである。ただ，理解の対象が人間の心的な事象であることから，カントが具体的に12のカテゴリーを示したのに対して，ジンメルはそうした形のカテゴリーを提示してはいない。

芸術との親和性

　「心理学的アプリオリ」によって他者の心を理解するということは，自分自身の心的体験をもとに，他人の，外面に表れた諸表現（表情，音声，行為など）からその人の心を推測するということである。この方法では，ある人の外面に表れた表現を見て，そこから，その人の心的な状態を，だれ

もがまったく同じように理解できるとはかぎらない。この場合の理解には、理解する側の心的経験が豊かであるか、乏しいかということが理解の程度に影響するからである。

　歴史的な事象の理解においても同様である。それどころか、時間と空間を遙かに隔てた歴史上の人物の心的事象を対象とする場合には、なおさらである。それでは、こうした対象を理解する試みは、実は「理解」とはいえず、主観の勝手な「思い込み」にすぎないのではないだろうか。ジンメルはこれについて「シーザーを実際に理解するためにシーザーになる必要はない」(『歴史哲学の諸問題』：106) として、人間は自分の経験の及ばない歴史的事象も理解することが可能であると言う。もちろん、理解する主観の経験やおかれた状況に依存する部分は大きいのだが、ここには、一定の普遍的な「理解」が成り立つと考えられている。

　このような歴史理解は、芸術と親和性をもつ。芸術が成立するのは、芸術家の個人的で偶然的な体験が「芸術作品」として、それを見る者、聞く者、読む者に理解できるものとして受け入れられるような形をとることによってである。たとえば、小説家は、初めに、自由に人物を設定することができる。しかし、書き始めてしまえば、その登場人物は独立した存在となり、作家といえども、その人物の心的な整合性を欠くような行為や発言をさせるわけにはいかない。描かれた人物は、それを読む人にとって理解可能なものとして形成されているという意味で「普遍性」を持つと考えられる。これは、「芸術の内部で個人的なものが普遍妥当的なものとして体験され」たということである (同：102)。ここでいう「普遍」的というのは、あるものが「理論的な一般概念に対応している」という自然科学的な意味における普遍性とは異なっているのである。

　歴史家が歴史上の人物を描写する場合も同様である。歴史家が、歴史上の対象を人びとが理解可能なように描くことによって、歴史認識は普遍性をもつと言える。このような意味において、歴史的叙述は歴史家の主観に

第 3 部　認識・歴史・生

よって構成されたものではあるが，歴史家の恣意にまかされたものではな
く，一定の普遍性を持つといえるだろう。

歴史認識の主観性と普遍的な妥当性

　以上のように，歴史認識は主観によってなされるものであり，認識する
者の主観を捨象しては成り立たない。だからランケの言うように，自身を
消し去って，事実をあるがままに受け取るというようなことはできないの
である。カントの物自体がそのままでは不可知なように，歴史的事実もあ
るがままをそのまま写し取ることはできない。しかし，だからといって，
歴史認識は認識する者の恣意に任されているというものでもない。歴史認
識には，自然科学的認識とは異なる普遍的な妥当性がある。これについ
て，ジンメルは「歴史研究の個人主義的問題設定は普遍性の契機を主観の
側に移す」（『歴史哲学の諸問題』：116）と言う。ある時代の，ある状況の，あ
る特定の人物の，極めて個別的な事柄を，さまざまに個別化した人びとに
心的統一体として，理解可能なものとして，構成し，描き出すことが，歴
史研究における普遍性であると考えられる。

　歴史認識は，自然科学的認識と同様に，主観による構成をとおして成
立する。しかし，歴史認識には自然科学的認識とは異なる普遍妥当性があ
る。ジンメルは，こうした歴史認識を，自然科学的認識とは違った形で成
立する学問的認識であると考えているのである。

参照文献

ジンメル，G.,『歴史哲学の諸問題』(生松敬三・亀尾利夫訳，白水社，1994 年)

カント，I.,『プロレゴメナ』(篠田英雄訳，岩波文庫，1977 年)

ディルタイ，W.,『精神科学序説──社会と歴史の研究にたいする一つの基礎づけ
　　の試み』(山本英一・上田武訳，以文社，1979 年)

〔川本　格子〕

㉞二は一より古い

さまざまな側面から強調されているのは，二は一よりも古いということである。毀れた杖の部分は複数のための言葉を必要とし，完全な杖は「杖」そのものであり，それを「ひとつの」杖と呼ぶ誘因が初めて提示されるのは，たとえば二つの杖がなんらかの関係において問題になるばあいである。　　『貨幣の哲学』：58

方法論的関係主義

　これほどジンメルの思想を端的に語る言葉はないだろう。ジンメル社会学は2から始める社会学である。

　社会学には原理的にみて三つの立場がある。第一は，個人から見て行こうとする方法論的個人主義，第二に関係から見て行こうとする方法論的関係主義，第三は集合から見て行こうとする方法論的集合主義である。第一の立場は1から始める社会学，第三の立場は3から始める社会学，と言うこともできる。第一の立場の代表者はマックス・ヴェーバーであって，それは資本主義の勃興という世界史における大きな社会変動を諸個人の信仰にもとづく社会的行為から明らかにした名著『プロテスタンティズムの倫理と資本主義の精神』に如実に表れている。第三の立場の代表者は，デュルケームであって自殺という極めて個人的な要因で解釈されがちな事象を集団における自殺率の問題としてとらえて，社会の特徴と変動から解き明かした名著『自殺論』にその方法論的立場は良く表れている。

　これにたいしてジンメルは，個人でもなく集合でもなく，諸要素の関係性に注目した。彼の社会学は，個人とモノ，個人と個人，個人と集団，集

団と集団の関係性からあらゆる現象にアプローチしようとしたものだった。しかし，それはヴェーバーやデュルケームのようにまとまった形で提示されなかったし，またそれらよりもわかりにくかったから，多くの無理解と誤解を招いてしまった。

構造 - 機能主義

　第二次世界大戦後，社会学はアメリカにおいて盛んになった構造 - 機能主義が主流になった。その中核にいたマートンとパーソンズは，ジンメルに対して対照的な態度をとった。マートンは，ジンメルを「無数の萌芽を持つ」と絶賛していた。そして，みずから提唱した「中範囲の理論」の諸論考のなかに，ジンメルの論述をたびたび引用していることでもわかるように，ジンメルの発想や指摘を積極的に自らの体系の中に取り込もうとした。マートンの「中範囲の理論」は，経験的妥当性を重視する理論であった。この点で具体的事例を豊富に含むジンメル社会学が魅力的なものだったに違いない。

　これに対してパーソンズは，どちらかと言うとジンメルにたいして冷淡であった。彼の死後になって発見されたパーソンズのジンメル論は，ジンメルの社会学に対する違和感の表明を読むかのようである。その理由は，彼の望んだものが一般理論の構築であり，ジンメルのあげる無数の具体的事例が，彼の目論見に対して少なくとも直接的には役立つものではなかったこと，そして，パーソンズの何よりの関心は「ホッブズ問題」としてよく知られている「社会秩序はいかにして可能であるか」という問いにあったのであり，この点で秩序は常に流動的なものだととらえるジンメルの思想とは，基本的な点で相いれなかったからであろう。彼が「個人と社会」の問題を考えるうえでは，むしろヴェーバーとデュルケームの思想の方がふさわしく，活用可能性が高かったのである。

構造 - 機能主義の難点

　20世紀も終わりに近づくにつれ構造 - 機能主義の勢いは衰える。その背景には，冷戦構造の崩壊など，現実世界の社会変動が激しくなったことがある。秩序を重視する構造 - 機能主義では現実を解明できないことが指摘されるようになったのである。

　パーソンズの構造 - 機能主義は，ヴェーバーの方法論的個人主義とデュルケームの方法論的集合主義を止揚した考えだと言ってよい。パーソンズは，社会に存在している価値が個人の意識の中に内面化し，その価値を内面化した個人が行為することで社会の価値は再生産されると考えた。こう考えることで，個人(1)から出発して社会をとらえるパースペクティブと社会(3)から出発して個人をとらえるパースペクティブを統合する。パーソンズにとって社会とは，一定の構造のもとで下位の諸部分が機能する様に他ならない。これが構造 - 機能主義の基本的発想である。この考えの難点は，ではその構造はどのようにして生まれたのか，という問いに答えられないことである。

　比較的わかりやすい例としてパーソンズの学級の分析をみてみよう。学級において，生徒は教師に対する服従を通して権威に対する態度を身につける。学業成績に基づく序列づけは，自らの社会における立場の自覚に役立つだろう。同性の仲間による交流は，性別文化を再生産する。そして，学級は社会に対して人的資源を配分する役割を果たしている。

　これらは，どれも，それなりに納得できる指摘である。しかし，こうした分析から，では学級崩壊はなぜ起きるのか，そして，そこからの回復はいかにして可能か，と言った問いへの答えが導かれるだろうか。構造 - 機能主義では，安定的な構造がアプリオリに想定されてしまっている。

社交

　1と3ではなく2から始める社会学は，相互作用のなかで秩序が形成

第3部　認識・歴史・生

されると考える。ジンメルの社交の分析（→⑤社交）を見てみよう。彼は，社交がはじまる契機について，女性と男性との協働を指摘する。まず女性はコケッティシュでなければならない。「女性のコケットリーの本質は，暗示的な承諾と暗示的な拒否とを交互に交替させ，男性を魅惑しながらも決定させるにはいたらず，彼をしりぞけながらも，彼からすべての望みを取りさりはしない」（『社会学の根本問題』：73）。そして，「社交がようやく始まるのは，男性がもっぱらこの自由に浮動する遊戯，そこではなにかエロティックな最終状態がたんに遠いシンボルのように思われる遊戯を求めるとき，さらに男性が初めてあの最終状態の欲望やあるいは危惧からではなく，あの暗示と予備行動との魅力を引き出すときである」（同：74）。

　彼は社交をひとつの遊戯として考えている。それは，いわば諸個人が社会をつくりだすことそのものを楽しむゲームである。そこには，社交に加わる全員を平等に取り扱うこと，富や地位や学識や名声などもちこまずに一定の節度を保つこと，過度に私的な事柄を控えて遠慮することなどのルールが生まれる。

　ジンメルは，このように二者間の相互作用から構造ともよびうる秩序が生成してくると考えていた。それは，初めから秩序を想定はしない。動態的なものから始めることで，構造‐機能主義とは全く違う論理であった。

参照文献

ジンメル，G.,『貨幣の哲学』（居安正訳，白水社，1999年）

―――,『社会学の根本問題（個人と社会）』（居安正訳，世界思想社，2004年）

パーソンズ，T.,『社会構造とパーソナリティ』（武田良三監訳，新泉社，1973年）

マートン，R.K.,『社会理論と社会構造』（森東吾・森好夫・金沢実・中島竜太郎訳，みすず書房，1961年）

〔早川　洋行〕

㉟これでもありあれでもある

> かれがこれかあれかであるということではなく，かれがこれで
> もありあれでもあるということが，人間を代替不可能な人格にす
> る。
>
> 『貨幣の哲学』：316

人格

　人格というもののとらえ方として，大きく分けて「これかあれか」型と
「これでもありあれでもある」型がある。「これかあれか」型の人格とは，
行動や判断の基準が「これかあれか」ひとつに定まっていて，どんな状況
であろうと，あるいは相手が誰であろうと，その基準にもとづいて首尾一
貫して行動したり判断したりするような人格である。人格を「特定の窮
極的『価値』と生の『意義』に対する恒常的な内的関係」(ウェーバー：128)
と定義したマックス・ヴェーバーの人格概念は「これかあれか」型の人
格概念の典型と言ってよい。これに対してジンメルは，人格とは「これで
もありあれでもある」と言っている。「これでもありあれでもある」人格
とはどのようなものであろうか。その特徴を「複数性」「相互作用」「発展」
の三点についてみていこう。

複数性

　まず「これかあれか」型の人格の特徴が「これかあれか」のどちらかを
選ぶという単一性にあるのに対して，「これでもありあれでもある」型の
人格の特徴は「これでもありあれでもある」という複数性にある。
　ジンメルは「人格」をさまざまな心的な諸要素によって形作られる「相

第3部　認識・歴史・生

対的な統一体」(『貨幣の哲学』：315) としてとらえている。人間にはさまざまな関心・目的がある。仕事も大事だけれども，家族との時間も大切にしたい，家族との時間も大切だけれども，友人とのつきあいも楽しいし，趣味も充実させたい，というのがふつうだろう。どれかひとつを選んだら，ほかはあきらめなければならないというのでは人生味気ない。ジンメルは「人はけっして完全に結婚しているのではなく，たかだかたんに人格の一部で結婚しているにすぎない」(『社会学』上巻：168) と言っている。同じように人はたかだか人格の一部で仕事をしているにすぎないし，たかだか人格の一部で友人とつきあっているにすぎない。またたかだか人格の一部で趣味のグループに入っているにすぎない。人生を形作るこれらの諸要素はそれだけを切り離して取り出せば多くの人に共通に見いだされるものであるが，それらの特殊な組み合わせがその人を他の人とは異なる代替不可能な個性的な人格とするのである。

　作家の平野啓一郎は「これでもありあれでもある」という人間のあり方を「分人」と呼んでいる。「分人」は「個人」と対比して用いられる言葉である。「個人」と訳された英単語 individual は divide (分割する) の派生形 dividual に否定の接頭辞 in がついたものであり，もともと「分割不可能なもの」を意味する。したがって「個人」とはそれ以上分割することのできない単位としての人間を意味している。これと反対に，平野は人間を「dividual (分割可能なもの)」としてとらえ，それを「分人」と名づける。平野によれば，「分人とは，対人関係ごとの様々な自分のことである。恋人との分人，両親との分人，職場での分人，趣味の仲間との分人，……それらは，必ずしも同じではない」(平野：7)。そして，人間は「複数の分人のネットワーク」(同頁) であるとみなされる。ここにはジンメルと同様の「これでもありあれでもある」型の人格概念を見ることができる。

相互作用

複数の分人たちの間の関係，人格を構成する諸要素間の関係はどのように考えればよいだろうか。いくつかの可能性が考えられるだろう。

①多重人格型
　極端なケースとして，ひとりの人間を構成するそれぞれの分人が他の分人たちがやっていることをまったく知らないというケースが考えられる。会社に行っている分人は家庭での分人が何をやっているかまったく知らず，家庭での分人は浮気相手との分人をまったく知らないというようなケースである。これは多重人格障害（解離性同一性障害）と呼ばれるケースであり，もはや単一の人格を構成する複数の分人というより，同じ身体に同居する複数の人格と考えたほうがよいものである。

②キャラ型
　別の考え方として，さまざまな分人を，それらの背後にある単一の人格が相手や場面に応じて使い分けるさまざまな顔として理解するやり方がある。その場合には，職場で見せる顔，家庭で見せる顔，趣味のグループで見せる顔は，「本当の自分」がそのときどきに演じている「キャラ」だということになるだろう。これは集団所属や人間関係が多元化している現代社会に適合的な人格理解と言ってよいだろう。しかしこのように理解するとき，人は「本当の自分」を探し求める「自分探し」へと誘われることになるだろう。

③相互作用型
　それではジンメルは人格を構成する複数の要素間の関係をどのようにとらえていたであろうか。ジンメルは「それら［人格を構成する諸要素］の多くがいわばある焦点においてたがいに出会い相互に結びつくことによって，はじめてそれらがある人格を形成し，この人格がこんどは逆にそれぞ

れの特徴に反作用して，それらをある人格的・主観的なものとして特徴づける」（『貨幣の哲学』：316）と述べている。

　ジンメルは人格を構成する諸要素を，相互に独立した無関係なものととらえていたのでもないし，単一の人格から流出するものと考えていたのでもない。ジンメルによれば，それらの諸要素がたがいに出会い，それらの間で相互作用が生じることによって人格が形成されるのである。これは現代社会学の言葉で言えば，人格は諸要素からなるひとつのシステムであるということだろう。諸要素が相互作用することによって，創発特性として人格が形成され，そのようにして形成された人格が今度は逆に諸要素に反作用して，それらに人格的な特徴を与える。人間を「複数の分人のネットワーク」ととらえる平野の理解も同種のものと考えてよいだろう。たしかに私たちは異なる分人として仕事をし，家庭生活を送り，スポーツクラブに参加し，友人と語り合うが，それらの分人たちがたがいに出会い相互作用することによって，その人らしい個性が生まれる。仕事の仕方，家での過ごし方，スポーツの楽しみ方，友人とのつきあい方はさまざまだが，全体として見るとどことなくその人らしいと思えるのはそのためだろう。

　職場が変わることによって，新しい友人ができることによって，また新しい趣味を始めることによって，人格には新たな分人が付け加わり，それによって分人たちのネットワークに変化が生じると，人格もまた変化する。「本当の自分」を探し求めてむなしく「自分探し」をするより，なにか新しいことを始めてみることのほうが新しい自分を発見する近道だろう。

　最後に，「これかあれか」型も含めて，ここで論じた四つの人格モデルを図で示してみよう。これは単一性の極から複数性の極に向かって，「これかあれか」型，「キャラ」型，「相互作用」型，「多重人格」型へと並べたものである。

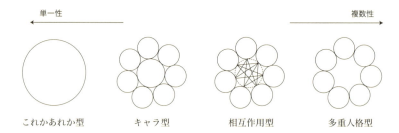

発展

　このようなジンメルの「これでもありあれでもある」型の人格概念は，ヴェーバーの「これかあれか」型の人格概念と比較すると，一見ちゃらんぽらんでいいかげんな「軟派」なもののように見える。だが，ジンメルの「これでもありあれでもある」は「なんでもあり」であったわけではない。「軟派」には「軟派」なりに人格を評価する基準がある。その基準とは人格の「発展」であった。

　ジンメルの人格は「これでもありあれでもある」という複数的な性格によって特徴づけられるだけではなく，それが「自己の本質の法則にしたがう発展」（『貨幣の哲学』: 323）のうちにあるという動的な性格によっても特徴づけられる。そして，人格はそれがどれだけ発展しているのかによって評価されるのである。ただし発展は外在的な基準にしたがって測られるのではない。それぞれの人格は自己を構成する諸要素を「それぞれに固有の生法則にのみしたがって」（同: 327）発展させることを求められており，それらの諸要素をどれだけ発展させているのか，自己の可能性をどれだけ生きつくしているのか，という内在的な基準にしたがって評価される。

　ジンメルにおいて，このような人格の発展とは魂の完成という宗教的な理想を現世的領域に投影したものにほかならない。なぜなら，魂の完成とはそれぞれが「自己自身への道」（「宗教社会学」: 288）をたどって「自分がすでにそうであるものに成る」（「魂の救いについて」: 143）ことだからである。

第3部　認識・歴史・生

ジンメルは魂の完成という理想をよく表わすものとして，ユダヤ教のラビ，メイルが弟子たちに語ったという次の言葉を引用している。

　　主が彼岸において私に『メイルよ，なぜお前はモーセとならなかったのか』と尋ねたもうたとすれば，──私は『主よ，私はメイルにすぎないからです』と答えるであろう。さらに主が私に『メイルよ，なぜお前はベン・アキバにならなかったのか』と尋ねたもうたとすれば──私は同じように『主よ，私はまさにメイルですから』と答えるであろう。しかし主が『メイルよ，なぜお前はメイルにならなかったのか』と尋ねたもうたら，──そのとき私はどう答えようか。(「宗教社会学」：288-289)

　メイルはモーセやベン・アキバのような外在的な基準にしたがって評価されることはないかわりに，メイルがメイルになること，すなわち自己自身の完成を基準として評価されるのである。「お前はお前になりえたのか」，これは案外きびしい問いではないだろうか。

参照文献

ジンメル，G.,『貨幣の哲学』(居安正訳，白水社，1999年)
────,「宗教社会学」『社会分化論　宗教社会学』(居安正訳，青木書店，1998年)
────,「魂の救いについて」『橋と扉』pp. 141-149 (酒田健一・熊沢義宣・杉野正・居安正訳，白水社，1994年)
ウェーバー，M.,『ロッシャーとクニース (二)』(松井秀親訳，未来社，1956年)
平野啓一郎,『私とは何か──「個人」から「分人」へ』(講談社現代新書，2012年)

〔浜　日出夫〕

㊱集団の拡大と個性の発達

　　われわれの身をゆだねる圏が狭ければ狭いほど，われわれはそ
れだけ個性のよりわずかな自由しかもたない。しかしそのかわり
にこの圏そのものは個性的なものであり，まさにそれが小さいも
のであるから，鋭い限界によって他の圏から区別される。

『社会分化論』：54

　　われわれがそのなかで活動しわれわれの関心の的となる圏が拡
大すれば，われわれの個性の発展のためのより多くの余地がその
なかにあるようになる。しかしわれわれがこの圏全体の部分とし
てもつ特性はよりわずかとなり，この圏全体は社会集団としては
より個性の乏しいものとなる。

同：55

日本の風土

　日本の近代化において狭い社会圏におかれた個人の問題は重要なテーマ
であった。

　日本は，島国であるうえに，山や川が多く平地が少ないという特徴を
もっている。だから近代社会になって交通が発達するまで，人びとが暮ら
す集落は小さく孤立しがちであった。そのことは，たとえば「渡る世間に
鬼はなし」という慣用句からも伺える。世間とは，一つ一つ独立してい
て，あたかも飛び石を踏んで歩くように「渡る」ものであったのである。
ジンメルによれば，このような社会構造においては個性の発達は進まな
い。そのかわり，ひとつひとつのムラ社会が個性的なものになって，個性

第3部　認識・歴史・生

的な集団と個性的な集団が対峙するという状況が生まれることになる。

ムラ社会の論理

　ではいったい，そうした日本のムラ社会とはどういうものであったのだろうか。この点に関しては中村菊男が日本の政治文化の伝統を論じた論述が参考になる。彼はそれを5点にまとめている。第一に，宗教の影響。日本には西欧のような超越的な神は存在しなかった。神はムラの生活を守る守り神であって，住民に快楽やご利益を与えてくれるものである。またムラの生活では，お祭りによく見られるように，エクスタシーを伴う集合行動を好む。第二に，ムラの平和が第一に考えられることから，成員間にしこりを残しかねない多数決よりも，話し合った上での満場一致が尊重される。しかし，全員が納得するのは困難なことが多いから，白黒つけずに曖昧な決着に終わることもよしとする。第三に「無私」を歓迎する気風。法よりも動機を重んじて，動機が正しければ用いる手段は問うところではないという傾向がある。ホンネとタテマエを使い分けて，ホンネをタテマエのなかに落とし込む。第四に論理的というよりも情緒的な思考。つまり情に弱い。第五にお神輿型のリーダーシップ。最高のリーダーは権威をもつだけで，実力がなくても構わない。周りのものが支えることで政治体制が維持される（中村：69-81）。

群化社会と第二のムラ

　しかし，近代社会が進展するにつれ，孤立していた伝統的共同体としてのムラは解消して行ったはずである。それにもかかわらず，ムラの政治文化はなぜ払拭されなかったのだかろうか。この疑問に対して解答を示したのが神島二郎の群化社会論である。

　神島は，『近代社会の精神構造』のなかで都市をゲゼルシャフトとして考え，社会はゲマインシャフトからゲゼルシャフトへ変化していくというテンニースの考えを批判して「日本の都市は，私のいわゆる〈群化社会〉であっ

169

てゲゼルシャフトではない」と述べた（神島：36）。神島によれば，近代化の過程で，田舎から都会に出てきた単身者たちは，自らのふるさとである「第一のムラ」を手本にして「秩序感覚の培養基」をつくった。それこそが「第二のムラ」である。具体的に言えば，郷党閥と学校閥がそれであった。この「第二のムラ」と自然村である「第一のムラ」との違いについて，彼は次のように述べている。「第一には，その構成単位が家から個人に移っていること（出郷者のばあいは，学校と違い，自然村自体の家本位に規定される！），第二には，もはや帰住は許されないが，つよい愛着をもっていること（学校卒業者のばあいは自明のことだが，出郷者のばあいも，じつは出身村に土地の余裕がなくて，帰住できぬことに注意！），第三には，ムラ自体に生産面がなく消費的で，ムラビトはややもすれば労働蔑視と遊民化の傾向をつよく持つこと，第四には，ムラが出身地紐つき者の集団で，距離化されたふるさとを軸心とする団結だけがあって，そのふるさととは距離化されているかぎりで現実性を持ち，じつは現実の世界ではなく回想の世界であること，などである」（神島：30）。

　その後近代化を推し進めていった日本社会に眼を向けよう。第二次世界大戦後の日本社会は，会社という組織にムラの論理を持ち込んだ。会社が新たな「第二のムラ」になったのである。それは，よく知られる年功序列，終身雇用，企業別労働組合という日本的経営がまさしくムラ秩序を再現したものだったことからも明らかである。この組織原理は一定機能して，日本は GDP 世界第 2 位の国になるまで成長した。しかし，それもやがて資本主義がより進展して，「グローバリゼーション」という言葉でよく知られる社会圏の拡大が進んだことで転機を迎えるに至った。

社会圏の拡大がもたらすもの

　ジンメルは社会圏の拡大が，利己主義を生み出すことを指摘している。具体的にいえば，狭い社会圏のなかで生産する生産者は目に見える消費者のために生産するが，広い社会圏のなかで生産する生産者は貨幣獲得のために生

第3部　認識・歴史・生

産するようになる。戦後の日本社会において，繰り返し言われたのも，自分勝手な人間が増えたという批判や拝金主義の蔓延を嘆く声であった。

　では，ジンメルも社会圏の拡大は道徳意識の低下を導くと考えていたのだろうか。彼は必ずしもそうなるとは言っていない。ジンメルによれば，「自己保存，克己，正しい自我感情，自己の人格の完成」といったものは，むしろ狭い圏における義務の履行と対立する。社会圏が拡大するにつれ，自律的な道徳が発達して，それは狭い圏が個人に課す理不尽な要請と対立する力になる。彼は，道徳的な命令は，具体的な誰かにたいする義務に起源をもっている。それが種属の歴史全体をつらぬく長い過程を経ることによって，純粋に内面的な当為の感情に移行していくのだと考えていた。

認識される個性

　最後に，これまでの議論とはやや異なって，人間は他者の個性をいかにして認識するのかという問題について述べよう。ジンメルは，次のように言う。われわれは，はじめて違う種族の人と出会った際，そのすべての個人たちは区別できないほど似ているように感じる。しかし，長いあいだ彼らを知れば知るほど，ますますはっきりとその相異があらわれてくる。彼は相手の個性が見えるにしたがって，自分との同等性が見えてくると述べる。これが，多文化共生が課題になっている今日の日本社会にとって重要な指摘であることは言うまでもない。

参照文献
ジンメル，G.,『社会分化論』(居安正訳，『社会分化論・宗教社会学』青木書店，
　　1998年)
神島二郎,『近代日本の精神構造』(岩波書店，1961年)
中村菊男,『政治文化論―政治的個性の探究』(講談社学術文庫，1985年)

〔早川　洋行〕

㊲社会圏の交差

人びとは人格を，その起源からして無数の社会的糸の交点として，またさまざまな圏と適応の時期との遺伝の結果として説明し，そしてその個性を，人格のなかで一緒になる種族の諸要素の量と組合わせとの特殊性として説明してきた。ところで人格が多様な衝動と関心によって，ふたたび社会的な構成体と結びつくとすれば，このことは人格が受け取ったものを，似てはいるがしかし意識された高次の形式においていわば放射し再現することである。

『社会学』下巻：21

社会的糸の交点

ジンメルは，社会を無数の相互作用の集積とみなす。その見方からすれば，個人は相互作用の網の目の交点に立つ存在と見なしうる。しかし，このイメージは，ジンメルの言いたいことの半分しか捉え切れていない。というのは，ジンメルの主張の中には空間軸ばかりではなく時間軸があるからである。個人を歴史の中においてみると，両親や兄弟姉妹や近隣や教師や友人やその他諸々の関係性の中の交点として現在の個人がある。そして，そうした個人は，家族や職場や趣味の仲間やその他諸々の人びととの相互作用に入ることで，新たな関係性を不断に行進し続けていると考えられる。彼の「社会的糸の交点」という言葉は，そういう時間と空間のダイナミズムを含意している。

ライプニッツ型とニュートン型

第3部　認識・歴史・生

　グラウンドに立って，自分を中心にして円が描かれていることをイメージしよう。円周の長さは，半径の2乗と円周率の積で求められる。したがって，半径がわかれば円周の長さがわかるし，逆に円周がわかれば半径がわかる。このとき，半径を決めるのは自分であり，自分が歩けば円も移動する，と考えることもできるし，半径は決まっていて円が動けば中心点に立っている自分も動かざるを得ないと考えることもできる。

　哲学者の廣松渉は，前者のような空間イメージをライプニッツ型，後者のような空間イメージをニュートン型とよんだ（廣松：151）。ここには，システムは不断に個人によって作られていると考えるか，システムの中に個人がいると考えるかの違いがある。マルクスは，生産力は自然成長的に拡大し，それに応じて生産関係は変容すると考えていたし，デュルケムは社会集団と密度の増加を「社会的世界の重力の法則」（デュルケム：183）とよんでいたから，ニュートン型の発想をもっていたと言える。またパーソンズの構造機能主義は典型的なニュートン型思想である。これに対してジンメルは，彼らとは対照的にライプニッツ型の発想をもっていたのは間違いがない。そして，おそらくこのことが，オートポイエシス（自己産出）を強調するルーマンがジンメルを高く評価する要因にもなっている。

ボランタリー・アソシエーション

　近代化は，伝統的に守られてきた共同体から個人を解放した。しかし，それは「甲羅のないカニ」（マンハイム）とも表現される孤独な大衆を生み出し，そのような状況での「自由からの逃走」（フロム）がファシズムを招いたとも言われた。しかし，ジンメルは将来を楽観していた。彼は次のように述べている。「進歩した文化は，われわれがわれわれの全人格をもって所属する社会圏をますます拡大させるが，しかし，そのかわりに個人をますます自立させ，狭く封鎖された集団の多くの支持と利益を個人から奪い去る。こうしていまや圏と協同体があのように創出され，それらにおい

て同じ目的に関心をもつ任意の多数の人びとが集まることができ，以前の状態の窮屈な制限との断絶から生じる人格のかの孤独化にたいする補填も，それらの圏や協同体の創出のなかに存在する」（『社会学』下巻：37）。

ジンメルのこの主張は，ボランタリー・アソシエーション（自発的結社）への期待だと言ってよい。伝統的な共同体では，生活のなかで地縁集団が大きな意味を持つが，その多くが雇用者で構成される都市的世界においては，自由に自分の興味関心に応じて形成されるボランタリー・アソシエーションが数多く存在し，むしろそれが，個人と個人を結びつける役割を果たしている。日本の都市社会学では，近年になるまで，こうしたボランタリー・アソシエーションは正当に評価されてこなかった。それは，そうした「生活拡充集団」は，都市の夜空の点滅するネオンサインのようなものに過ぎないという鈴木榮太郎の言葉によく現れている（鈴木：221-222）。しかし，20世紀も終わりに近づくにつれ見方が変わり，市民活動への評価が高まった。これは，災害におけるボランティアの活躍やNPOに対する法整備が進んだことにも起因している。

社会関係資本の重要性

2000年，アメリカの政治学者であるパットナムが著した『孤独なボウリング』は，日本にも衝撃を与えた。日本よりも多種多様なボランタリー・アソシエーションが存在し，人びとはそれらへの参加を通じて社会とのかかわりを保っていると考えられていたアメリカにおいて，アメリカ人のボランタリー・アソシエーションへの参加が減少し，アメリカ全体の「社会関係資本」(social capital) が衰退しているとするこの本は，高齢社会や単身者世帯の増加という問題をかかえる日本にとって，アメリカと同等以上の深刻な問題として受け止められたのである。

じつは，かつて鈴木榮太郎がボランタリー・アソシエーションを点滅するネオンサインにたとえたのは，一面では的を射たことであった。ボラン

第3部 認識・歴史・生

タリー・アソシエーションは，町内会・自治会や神社の氏子集団のような
伝統的な地域集団に比して集団としての自己保存力が弱い。発生消失の
サイクルが短いという特徴をもっている。一方で，SNS が普及し，地域
集団を形成せずとも，ネット上で共通の興味関心でつながりあえる環境が
整ってきている。今日，そうした新しい時代にあって，オフライン，オン
ラインを含めた社会関係資本の充実が模索されていると言えよう。

自我の統一性

　ジンメルはこうも述べていた。「社会的な所属が多数となることによっ
て，内的および外的な葛藤が成立し，この葛藤が心の二元対立によるばか
りか，さらに分裂によっても個人を脅かす。このことは，葛藤が個人的な
統一を確立し強化するという作用をもつことにたいする反証ではない。そ
れというのも，その二元対立とこの統一性とは交互に支持しあうからであ
る。まさに人格が統一体であればこそ，人格にとって分裂が問題となるこ
とができる。われわれのなかでたがいに出くわし解決を迫る集団利害がよ
り多種多様であればあるほど，自我は自らの統一性をそれだけいっそう決
定的に自覚する」(『社会学』下巻：22)。

　今日，われわれが生きる時代には，ジンメルの生きた時代よりもはる
かに多い選択肢がある。孤立せず，そして分裂せず人格を高めていけるの
か，それが問題である。

参照文献
ジンメル，G.，『社会学』下巻（居安正訳，白水社，1977 年）
廣松渉，「貨幣論のためのプレリュード」(『現代思想』第 5 巻 11 号，1977 年)
デュルケム，E.，『社会分業論（下）』(井伊玄太郎訳，講談社学術文庫，1989 年)
鈴木榮太郎，『都市社会学原理』(有斐閣，1965 年)
パットナム，R. D.，『孤独なボウリング——米国コミュニティの崩壊と再生』(柴内
　　康文訳，柏書房，2006 年)

〔早川　洋行〕

㊳量的個人主義と質的個人主義

> まったく自由な人格の理念とまったく独自な人格の理念とは，まだ個人主義の最後の言葉ではない……人類の活動はますます多くの，ますます多様な形式を調達し，それらによって人格は自らを肯定し，彼の存在の価値を証明するであろう。
>
> 『社会学の根本問題』：121

個人と社会の矛盾—二方面への個性化

　ジンメルによれば，集団の分化は個人の個性化を促す。集団が拡大し，人口が増加すると，集団内部に一種の生存競争が生じ，この競争に生き残るために，個人は他人とは違った特殊性を発達させようとする。個人は，他の人びととの差異化をはかることによって，集団内部で，自身の特殊な役割を獲得しようとするからである。このようにして得られた個々人の個性は，その集団内部で自身の個性に合うように，それぞれに分業を担うことになる。分化がきわめて進んだ近代社会において，個人の，こうした個性化，個別化が重視されるようになり，近代的な個人主義が成立する。

　ところで，個性化は，一人の人間の性質を幾つかの部分に分解し，その内の特定の部分だけを発達させて他人との差異をつくろうとするものである。社会はまた，そうした個人の，発達した一側面を利用して社会全体の一部として機能させ，個人を，いわば社会という集団全体の歯車として役立てようとする。だが，その一方で，個性化は，自分自身の諸部分を，それぞれすべてにおいて独自に伸長させ，全体として自己を完成させようとする傾向も生じさせる。つまり，個性化には，自身を全人として完成させ

ようとする契機が含まれているのである。

　ここに，全体として有機的統一体であろうとし，そのために，個人を自身の手足にしようとする社会と，自分自身で一個の全体であろうとし，自己自身における完成を目指す個人との間の対立が生じる。一見したところ，全体の一部として機能しようとする個人のあり方は，利他主義的であり，社会の求めとは関わりなく，全人的完成を目指す個人のあり方は，利己主義的であるように見える。しかし，ジンメルは前者の場合も，多数者が自身の必要によって個人を一面的で偏ったものにしてしまおうとするものであって，社会による利己主義的な要求であると指摘する（『社会学の根本問題』: 86）。

人間的な存在の価値

　そもそも，個人が他の何者かにとっての意義を考えることなく，純粋に自己そのものを完成させることも一つの客観的価値であるとジンメルは言う。自分自身の全人的完成のみを目指すことは，社会や他者のためでないだけでなく，その個人の幸福感を充たすものでもない（『社会学の根本問題』: 87）。「能力と美，思索の深さと心情の高さ，温和と高貴，勇気と純真——これらは，社会的な錯綜とはまったく関係のない自律的な意義をもつ」（同: 90）。ジンメルはこれを「人間的な存在の価値」と呼び，社会的な意味で役立つ価値を「社会的な価値」と言って両者を区別する。もちろん，ある個人の人間的価値が社会的に役立つことも十分にありうる。しかし，個人が自身の人間としての全人的な価値を高めることは，社会的な意義からは独立しているのである。社会分化は個性を発達させるが，個性化は同時に，社会的な役割など度外視した個人の全人的な完成へと向かう傾向も持つ。社会は，社会的分業の担い手として役立つ個性の発達を喜ぶが，社会的価値から離れて自律的にはたらく個性化とは相容れない。ジンメルはこれを「社会は人間的に一般的なものにたいし特殊化を要求し，社会的に

一般的なものにたいしては特殊化を禁止する」(同：92) と言う。このように，社会は個人にとって二重の桎梏となり，ここから個人の，自由一般への要求が高まるのである。

二つの個人主義

自由一般への要求が先鋭化するのは18世紀においてであるとジンメルは言う。ここでは，自由と平等が求められる。個人は自由に自身の個性を伸ばし，一方でその本質においては同質で，平等であることが求められる。だが，こうした，自由と平等の両立する社会の実現は難しい。なぜならば，実際のところ，個人の能力や特性は様々であり，自由な状態にあっては，強者が弱者を支配する関係ができあがり，そこから発生する不平等が持続的なものになりうるからである。自由競争が社会的平等と一致するためには，個々人の能力や環境がまったく同じでなければならないのである。だが，18世紀の個性概念には自由は平等を排除せずに，むしろ包含する (『社会学の根本問題』：105) という考え方があり，本質における平等を前提にした上での個性化が考えられている。この思想は自由と平等を求める市民革命の基礎となる。

個性を社会的歴史的に捉えて，個人主義という側面から見ると，こうした個性概念は18世紀の「量的個人主義」と呼ばれる。ジンメルは個人主義を「量的個人主義」と19世紀の「質的個人主義」に分ける。量的個人主義は，社会の構成員をその本質において等しいと考え，その基盤の上に発揮される個々人の性質の量的な違いを個性であると捉える。これに対して質的個人主義とは，そもそも共通の基礎を想定しない，まったく独自な発展を遂げて自己を完成させることを個性であると考える。

初めにあげた，二方面へ向かう個性化のうち，集団の一部となって社会に寄与する個性のあり方は18世紀の量的個人主義であり，自身で一つの全体として完成していくあり方が19世紀の質的個人主義である。量的個

人主義においては，個々人の平等の上に自由な競争が展開され，それぞれが異なった社会的役割を担うことになる。一方，質的個人主義においては，「そのもっとも深い本質においては比較できない個性」(同：114) が重要となり，個人は「この比類のなさの実現化……たんに彼のみに特有な彼自身の原像を実現することに召命されている」(同：117，強調はジンメル) と考えられている。質的個人主義も分業の担い手ではある。しかし，こちらは，他人とは異なっているということによってその役割を果たすのではなく，その人によってのみ満たされるべき，固有の根源的な枠組みを満たすことが使命であるとされるのである。これは人間的な存在の価値であり，そのまま社会的な価値に寄与するものではないかもしれないが，人類にとっては意味のあるものだと思われる。

自由な人格と独自の人格

　ジンメルは量的個人主義も質的個人主義も個人主義の最後の言葉ではないと言う。個人の質的な同一性を前提に，競争と分業によって人間の一面化を促進することが，どのように社会と個人の間の齟齬を生むかということを，われわれはすでに十分承知している。個人の独自性に基づいて自身の全人としての根源的形態を実現することが具体的にどのように可能になるのかをわれわれはまだ明確には知らない。ただ，個人が自己の本質を十全に発揮すること，また，そうした個人の多様性を受容し，社会，集団の構成にどのように位置づけるのかということが現代社会の当面の課題であると言えるだろう。

参照文献
ジンメル，G.，『社会学の根本問題（個人と社会）』(居安正訳，世界思想社，2004 年)

〔川本　格子〕

㊴「より以上の生」と「生より以上」

> 統一体としての生の働きは，限界づけられていることと限界を
> 踏み超えることとを含んでいる。　　　　　　　『生の哲学』: 13

時代の中心概念

　ジンメルによれば，際だった特徴をもつ文化期には，それぞれ精神的な
運動の出発点となり目標にもなる中心概念が存在する（「現代文化の葛藤」:
244）。たとえば，ギリシア時代には「存在の理念」，キリスト教的中世に
は「神の概念」，ルネサンス以降になると「自然の概念」が中心概念に
なっていく。17世紀には「自然法則」，その後「心的人格＝自我」が中心
概念となった18世紀には純粋自我や個性の完成が求められるようになっ
ていく。19世紀には「社会という概念」が，さらに20世紀への変わり目
にいたって「生の概念」が中心的な位置についた。(同: 245-247)

　文化の歴史的変遷とは，ある文化形式が別な文化形式へと移行すること
を意味している。たとえば，古典主義からロマン主義へと移り変わるのは
芸術様式という形式の移行である。際だった特徴をもつ文化形式は，時代
の中心概念と結びついているとジンメルは考える。そして，生の形而上学
が中心概念となった時代にあって，文化は今までとは違った大きな転換点
を迎える。文化形式の変遷は，ある形式から別な形式に移行するという従
来のあり方から「形式一般に対する，形式の原理に対する生の闘争」(同:
243) となったというのである。

「より以上の生」と「生より以上」

第3部　認識・歴史・生

　ジンメルが文化と呼ぶのは，芸術のみならず，政治体制や経済システ
ム，宗教など，およそ人間によってつくりだされたもの全般である。生の
形而上学にしたがって文化を捉えると，それは，生が形式化したものだと
いうことになる。生には創造性があり，これが文化という形式となる。そ
して，形式化した文化は，客観化し，主観である生からは独立した文化価
値を有するようになる。ここに，主観である生と客観的価値をもつに至っ
た文化形象とは区別され，場合によっては文化が生に対立するように現れ
ることもある。

　たとえば，ある古い政治体制があって，それが様々な不都合を生じさせ
るようになり，新しい体制にとって代わられることがある。新しく出来上
がった体制は一つの形式として機能するようになる。これは，生が新たな
客観的形式となったということである。しかし，こうした体制もまた，や
がて様々な問題を生じさせ，生を制限し，古い体制であると考えられるよ
うになる。すると，再びこれは破壊され，ここに別な新たな政治体制が生
み出されることになる。

　文化を生み出すのは生であり，一つの独立した文化形象＝形式となった
ものが「生より以上」(Mehr-als-Leben) のものである。生は自らたえず「生よ
り以上」として，それ自身で独立した文化価値をもつ客観的な形式となる。

　他方，生はその本質において，現状の形式に留まっているものではな
く，常に流動的な状態にある。つまり，現在の形式に収まることなく，
さらに自己展開を続けていく。こうした生のあり方を「より以上の生」
(Mehr-Leben) という。生は，生より以上として形式化することによって文
化形象を生むが，しだいに，この形式が生と対立するものとなる。ジンメ
ルは，文化は「その創出の瞬間にはおそらくそれらは生に対応したもので
あるのだが，生がさらにいっそう展開してゆくにつれて硬直した疎隔状態
(Fremdheit) に，否さらに生に対する対立状態 (Gegensätzlichkeit) に陥るのが
つねなのである」(「現代文化の葛藤」: 240) と述べている。

181

同じ一つの生が「生より以上」の形式を生み出すとともに，「より以上の生」として，現状の形式を打ち破る。それでも生は形式化することでしか，自己を表現することができない。そのためにまた新たな形式を生み出すことになる。「一つの問題が新しい問題により，一つの葛藤が他の葛藤によって押しのけられるにすぎない」（同：277）のである。形式化とその破壊を繰り返す，生のこうした本質をジンメルは「文化の悲劇」であると言う。「悲劇」というのは，破壊的な運命がそれ自身の本質から生じることを意味する言葉であるからだ。そして，生が中心概念となる時代にあって，形式一般に対する生の闘争という，より決定的な悲劇が自覚されることになるのである。

生の自己超越―絶対的な生

　「文化の悲劇」とも言うべき行き場のない状況を招く生のあり方に対して，ジンメルは『生の直観』（翻訳タイトルは『生の哲学』）の中で「絶対的な生」という観点を提示する。これは，上記のような，同じ一つの生の二元的対立を包摂する，より高次の生の概念である。生が自ら形式化するという限界を設け，これを破っていくということは，いわば，生の自己超越である。ここから，「生のより狭い意味と生から解き放たれた内容とのあいだの相対的な対立を包括している」生の概念が「絶対的な生」として示される（『生の哲学』：38）。ジンメルは「絶対的な生」の概念によって，生の二元的対立を生の形而上学の中で解消しようとするのである。

　ところで，このことによって実際の文化の問題が解決するものだろうか。それはもちろんあり得ないだろう。ジンメル自身，生と文化をめぐる問題は解決されるべきものではなく，達成すべき別な課題をもっていると言う（「現代文化の葛藤」：276）。ジンメルにとって，生と形式の対立は，文化を生み出す生である「主観」と，それから離れた「客観」との二元的分裂と対立という問題として理解されている。主・客の二元的分裂と対立

第3部　認識・歴史・生

は，近代社会の根底にある基本的な構造である。つまり，ジンメルの問題意識は，生の哲学を通して，近代そのものを乗り越える道をさぐることであったと思われる。

生の哲学

　生の哲学はジンメルの時代の主要な思潮の一つであった。生の哲学とは何であるかということは，一義的に規定されるものではない。だが，ジンメルの時代にあっては，近代的合理主義や主知主義的な思想の限界を踏まえ，生きた人間の姿を捉えようとすること，また，同様の視点から世界を見ようとするとする試みの一つであったと考えることができる。

　ジンメルには，社会分化や貨幣という社会学的な問題を扱ったものが多い。しかし，その根底には，生の哲学が存在している。したがって，ジンメルには，人間を理性的な存在者として捉えるだけでなく，感情や意志を併せもった全体として，また，歴史的社会的な存在として捉えようとする視点が存する（→㉜「他者理解」，㉝「歴史理解」）。さらに，主客二元論に基づく近代的世界観そのものを批判的に乗り越えようとする試みも見られる。そして，晩年の著作『生の直観』において，生の概念そのものが，きわめて抽象的な形でではあるが，文化論や死と不死をめぐる思想，道徳哲学に関する議論の基礎として論じられている。ここに見られるジンメルの「生の哲学」は，ジンメルが様々に提示した社会学的諸問題を直接に解決する方法を示すものではない。だが，ジンメルの思想，この時代の思想全体の基礎を為すものを知ることができるのである。

参照文献
ジンメル，G.,「現代文化の葛藤」『哲学の根本問題　現代文化の葛藤』（生松敬三訳，白水社，1994年）
―――,『生の哲学』（茅野良男訳，白水社，1994年）

〔川本　格子〕

㊵個性的法則

> 「汝は，汝のこの行為が数えきれないほどしばしば反復される
> ことを欲しうるか」という，実際には荒涼としたニーチェの思想
> の代わりに――わたしは次のことを据えたい。すなわち，「汝は，
> 汝のこの行為が汝の生全体を規定することを欲しうるか」という
> ことである。
> 『生の哲学』：300

生の現実と生の当為

　人は，さまざまな観点から，自分自身の生を見ることができる。たとえ
ば，芸術家が自分の創作活動と向き合う場合には，自身の生のあり方を芸
術の観点から見ているだろう。同様に宗教的な生を生きようとするものも
あれば，政治や法律の観点から自身の生を見ることもできる。しかし，生
をどのような観点から捉えようとも，必ずそれを「生の現実」として意識
している。われわれは自分自身が生きている現実を，「これが現実だ」と
意識しているということである。

　だが，それと同時に，そうした現実がどのようなものであるかに関わら
ず，「いかに生きるべきか」ということも意識されている。「これが現実で
ある」という意識は「生の現実」として認識されているものであり，「い
かに生きるべきか」という意識は「生の当為」として認識されているもの
である。「当為」とは「どうあるべきか，何をなすべきか」という倫理上，
道徳上のあるべき姿である。

　現実と当為は互いに交わるものではなく，現実から当為を導き出すこと
はできないというのは，倫理学や道徳哲学で言われることである。ジンメ

第3部　認識・歴史・生

ルも「生の当為」と「生の現実」は互いに独立したものであると考えている。

「生の当為」の形式化

　創造的な生が生み出し，生を離れて自立的になった形成物，すなわち広い意味での文化形象が生に限界を設け，生のさらなる創造性と対立関係に陥ることがある。これは，ジンメルが「文化の葛藤」や「文化の悲劇」と呼んだ生の本質である。このような現象は「生の当為」においても生じる。この場合，一定の規範や命法が独立した客観的価値をもち，個人としての生に対抗するようになるということである。

　「～であれ」や「～してはならない」という規範や命法は，われわれの行為やあり方を規制する。それは妥当だと感じられる場合もあれば，抑圧や拘束であると感じられる場合もある。後者の場合，それが法律などの規範であれば，これを廃棄し，新たな規範を設けることになる。しかし，生にとっての究極的な命法の場合，どうなるのだろうか。

カントの道徳法則

　カントは，人間を理性と感性に分ける。感性や感覚は恣意的なもので，容易に外部から「～したい」や「～を避けたい」と誘惑されうる。これに対して，何を為すべきかという当為を知りうるのは理性である。そこでカントは，理性によって感性を統御することが必要だと考える。しかも，カントにとっては理性が人間にとって本来のものであり，理性によって感性をコントロールすることは，本来の自分が発した命令に従うこと，すなわち「自律」であると考えられている。

　カントにとって，道徳法則の声を聞くことができるのは理性である。感性の恣意に抗して，道徳法則による定言的な命法──「もし……なら～せよ」という仮言的な命法ではなく，何の見返りも想定することなく，端的

185

に「〜せよ」という命令——に従うことが道徳，倫理に適うことであり，このことが人間の自律的なあり方なのである。

個性と法則概念

　このようなカントの考え方は，個々人の思惑に関係なく当為が示されるという点で，「客観的なもの」であるということができる。そういう意味で，これは「道徳法則」と言われる。「法則」である以上，それは普遍的な妥当性をもつと考えられるからである。当為のあり方をこのように考えると，道徳法則は普遍的に妥当し，誰にとっても等しく与えられる道徳的命令だということになる。自分自身の意志の格率が常に道徳法則に合致するように行為せよというカントの道徳哲学は普遍性を持つということになる。

　これに対して，ジンメルは道徳的で倫理的なあり方をどのように考えているのだろうか。生の哲学に立脚するジンメルは，カントのように人間を「理性」と「感性」に分け，これを対立させて捉えることはしない。ジンメルは理性，感性，意志をもつ，いわば全人としての人間を本来の人間の姿であると想定している。全人としての人間は，それぞれに自分自身の特性をもつ個性的存在となる。というのは，感性や意志も含めた人間のもつ諸力をそれぞれ十全に発達させることによって，個人はその人に固有の性質を持つに至るからである。ジンメルは，人間をこうした個性的存在と捉え，それぞれに固有の道徳的命法があると考える。それが「個性的法則」である。

　これは個人の個性から立ち上がってくる道徳的命法である。したがって，こうした命法は，普通に考えれば，誰にでも妥当する「法則」としての客観性は持っていないように思われる。しかし，ジンメルはこうした命法にも客観的な妥当性があると考えている。ジンメルが個性から立ち上がってくる当為を「個性的法則」と呼ぶのは，ジンメルがこれに「法則」としての客観的妥当性を見ているからである。

第3部　認識・歴史・生

自分にとっての個性的法則

　個性的法則は，自身の個性から生じる「当為」である。しかし，それは
その人の恣意によるものではなく，「法則」と呼ばれるような妥当性を持
つ。ただ，個性から生み出される当為であるからといって，必ず，他人と
は異なった特殊なものであるとはかぎらないのである。

　ジンメルは個性とは他人と違っているということを意味するのではない
と言う。自分の独自の根から生長した独自性を個性と呼ぶのであり，他人
との「差異」は問題にならない。自身の個性の伸長の結果，もしかした
ら，他人とよく似た存在になるかもしれない。そこから発する命法も他人
とよく似たものとなる可能性は十分にある。しかし，重要なのは，それが
あくまでも自身の個性から発したものあるということなのである。

　こうした個性に基づく道徳的命法をわれわれはどのように知ることがで
きるのだろうか。ジンメルは，個性的法則が全人たる生から発するもので
あるならば，こうした当為はその人の生全体をあらわすものであると考え
る。そこで，ある行為の道徳性を自分自身に問う場合，自分自身のこの行
為が，自分の生の全体を体現していると言っても，それを受け入れること
ができるだろうかと問うとよいと言う。ある行為が，自分の生の内奥から
規定され，生のすべてを体現しているかどうかを問うのである。これは，
ニーチェの永遠回帰の思想が，同じことが何度も反復するのに耐えうるよ
うに自分の人生や運命を受け入れよと迫るように，われわれにとって苛烈
な道徳的命法となる。

　参照文献
　ジンメル，G.,『生の哲学』(茅野良男訳，白水社，1994年)
　カント，I.,『道徳形而上学原論』(篠田英雄訳，岩波文庫，1976年)

〔川本　格子〕

おわりに

　「はじめに」でも書いたとおり，本書はおもにゲオルク・ジンメルに初めて接する読者を念頭に置いて作成されたものである。一般に，何らかの専門的な物事を，予備知識を前提とせずに説明するのは，そう簡単ではない。ましてや時代も国も異なる哲学者の深い思索の内容を伝えるとなると，ますます困難である。わかりやすさを優先してむやみに単純化すれば，西洋の諺で言う「たらいの水と一緒に赤子を流す」ことになってしまいかねないし，読者が興味をもてるように現代的な文脈に引き寄せて解説すると，本来の文脈からかけ離れて正しく趣旨が伝えられない恐れがある。本書では，そのような葛藤の狭間で，筆者たち各々のスタイルで叙述した。ある項目では，ジンメルの論点をなるべく忠実に解説することに専念し，またある項目では，解説者の関心に従って論点をかなり大胆に発展させている。その点では多少統一感に欠ける気はするが，ジンメルという人物の個性と解説者の個性との相互作用を楽しむつもりで，寛大に受け止めていただければ幸いである。

　また，これも「はじめに」で述べられているとおり，本書はジンメル没後100年を記念して刊行されたものである。ジンメルは60歳で世を去ったから，生誕160年でもある。「100年」や「160年」という数字だけではイメージが湧かないかもしれないが，ジンメルの没年である1918年は，第一次世界大戦が終結する年であり，さらに遡って誕生の年である1858年は，日本で言えば幕末の安政5年，幕府がアメリカをはじめ5か国と修好通商条約を結ぶ年に当たる。そう考えると，ジンメルはだいぶ昔の人のように感じられるかもしれない。しかし，人間や社会に関する彼の洞察は，100年という年月を隔てた今もなお古びることなく，現代に生きる私たち

おわりに

にさまざまなヒントを与えてくれる。まさに古典としての価値をもっているといえるだろう。実際，近年の書物でもたびたびジンメルは引用されている。

とはいえ，ジンメルという名前は，残念ながら一般にはさほど知られていない。大学で社会学などを学んだ人なら，学説史の中で名前を聞いたことぐらいはあるだろうが，その思想の内容まで詳しく知っているという人はそう多くないだろう。むしろ「知る人ぞ知る」存在といわざるをえない。そんなジンメルの魅力を，もっと広く知ってもらいたい。そしてできればさらにその著作を読んでもらいたい。そのような願いを込めて，本書を世に送り出した次第である。

昨今，出版をめぐる情勢が厳しいうえ，古典的な著者に関する書物が敬遠されがちな中，ハーベスト社の小林達也社長には企画の趣旨をご理解のうえ，出版にご快諾いただいた。また，編集作業にあたっては，日本学術振興会特別研究員の梅村麦生氏に手伝いを依頼し，短い期間に細かい作業をこなしていただいた。この場を借りて感謝を申し上げたい。

2018年9月

執筆者を代表して　　杉本　学

ジンメル関連資料 一覧

1. ジンメル全集（ドイツ語版，ズーアカンプ社刊，1989〜2015年）

第1巻 「カントの物理的単子論による物質の本質」，論文（1882〜1884年），書評（1883〜1901年）

第2巻 論文（1887〜1890年），『社会分化論』，『歴史哲学の諸問題』（第1版）

第3巻 『道徳科学序説』（その1）

第4巻 『道徳科学序説』（その2）

第5巻 エッセイと論文（1894〜1900年）

第6巻 『貨幣の哲学』

第7巻 エッセイと論文（1901〜1908） その1

第8巻 エッセイと論文（1901〜1908） その2

第9巻 『カント』，『歴史哲学の諸問題』（第2版）

第10巻 「流行の哲学」，「宗教」，「カントとゲーテ」，『ショーペンハウアーとニーチェ』

第11巻 『社会学』

第12巻 エッセイと論文（1909〜1918年） その1

第13巻 エッセイと論文（1909〜1918年） その2

第14巻 『哲学の根本問題』，『哲学的文化』

第15巻 『ゲーテ』，「歴史的時間の問題」，『レンブラント』

第16巻 「戦争と精神的決断」，『社会学の根本問題』，「歴史的理解の本質」，「近代文化の葛藤」，『生の直観』

第17巻 寸評，時事的評論等（1889〜1918年），匿名・ペンネームによる公刊物（1888-1920）

第18巻 英語による公刊物（1893〜1910年）

第19巻 フランス語・イタリア語による公刊物，「相対主義哲学論集」

第20巻 遺稿，未公開稿，『学校教育学』

第21巻 講義録

第22巻 書簡（1880〜1911年）

第23巻 書簡（1912〜1918年），友人との書簡（1875〜76年）

第24巻 追補，文献目録，概説，インデックス

ジンメル関連資料 一覧

2．ジンメル著作集（白水社刊，初版：1975〜1982年，新装復刊：1994年，2004年）

第1巻　『歴史哲学の諸問題』生松敬三・亀尾利夫訳
第2巻　『貨幣の哲学　分析篇』元浜清海・居安正・向井守訳
第3巻　『貨幣の哲学　綜合篇』居安正訳
第4巻　『カント』,「カントの物理的単子論」木田元訳
第5巻　『ショーペンハウアーとニーチェ』吉村博次訳
第6巻　『哲学の根本問題；現代文化の葛藤』生松敬三訳
第7巻　『文化の哲学』円子修平・大久保健治訳
第8巻　『レンブラント』浅井真男訳
第9巻　『生の哲学』茅野良男訳
第10巻　『芸術の哲学』川村二郎訳
第11巻　『断想』土肥美夫・堀田輝明訳
第12巻　『橋と扉』酒田健一・熊沢義宣・杉野正・居安正訳

3．その他の日本語翻訳書（1980年以降に刊行されたもの）

『ジンメル初期社会学論集』大鐘武編訳，恒星社厚生閣，1986年
『社会学：社会化の諸形式についての研究』居安正訳，白水社，1994年
『社会分化論；宗教社会学』(現代社会学大系1）居安正訳，青木書店 1998年（新編改訳）
『ジンメル・コレクション』北川東子編訳；鈴木直訳，筑摩書房（ちくま学芸文庫，［シ-12-1]），1999年
『ジンメル・エッセイ集』川村二郎編訳，平凡社（平凡社ライブラリー，304）1999年
『貨幣の哲学』居安正訳，白水社，1999年（新訳版）
『ジンメルとカント対決：社会を生きる思想の形成』大鐘武編訳，行路社，2004年
『社会学の根本問題』清水幾太郎訳，岩波書店（岩波文庫 青644-2）初版：1979年，重版・2010年
『社会的分化論：社会学的・心理学的研究』石川晃弘・鈴木春男訳，中央公論新社（中公クラシックス，W65）2011年

4．ジンメルに関する研究書・テキスト（日本語で1990年代以降に刊行されたもの）

『ジンメル社会学の方法』阿閉吉男著，御茶の水書房，初版：1979年，新装版：
　　1994年

『ジンメルにおける人間の科学』廳茂著，木鐸社，1995年

『ジンメル：生の形式』北川東子著，講談社（現代思想の冒険者たち，01）1997年

『ゲオルク・ジンメル：現代分化社会における個人と社会』居安正著，東信堂（シ
　　リーズ世界の社会学・日本の社会学）2000年

『ジンメルの社会学』居安正著，いなほ書房，2000年

『ゲオルク・ジンメルと社会学』居安正・副田義也・岩崎信彦編，世界思想社，
　　2001年

『21世紀への橋と扉：展開するジンメル社会学』居安正・副田義也・岩崎信彦編，
　　世界思想社，2001年

『ジンメル・つながりの哲学』菅野仁著，日本放送出版協会（NHK ブックス，
　　968），2003年

『ジンメルの社会学理論：現代的解読の試み』早川洋行著，世界思想社，2003年

『ゲオルク・ジンメルの思索：社会学と哲学』岡澤憲一郎著，文化書房博文社，初
　　版：2004年，新版：2015年

『「貨幣の哲学」という作品：ジンメルの価値世界』岩崎信彦・廳茂編，世界思想
　　社，2006年

『ジンメル社会学を学ぶ人のために』早川洋行・菅野仁編，世界思想社，2008年

〔徳田　剛〕

索引 (人名・事項)
50音順

あ

アノミー 128
アプリオリ 19, 21, 147, 151, 152, 153, 160
　　心理学的— 151, 152, 155
　　3つの— 19, 21, 109

い

異郷人 2, 64, 65, 66, 67, 70, 110
意図せざる結果 127, 142

う

ヴェーバー，マックス 46, 47, 127, 129, 142,
　　143, 144, 145, 147, 148, 158, 159, 160,
　　162, 166
ヴェーバー，マリアンネ 116
ヴェブレン，T. 120

え

エートス 147
演技 32, 148, 149

お

オートポイエシス 173
大平健 121
越智昇 124
オルテガ・イ・ガセット，J. 74

か

カッツ，R. とラザースフェルド，P. F. 104
貨幣 2, 40, 61, 80, 81, 83, 84, 88, 98, 119, 120,
　　122, 130, 131, 133, 134, 135, 136, 137,
　　138, 139, 170, 183
　　—の二重性 123
神島二郎 169, 170
感謝 12, 60, 61, 62, 131
カント，I. 150, 151, 154, 155, 157, 185, 186

き

記号消費 120
機能 59, 61, 62, 123

顕在的— 123, 124, 125
潜在的— 123, 124, 125
規範 58, 63, 128, 185
　　互酬性の— 63
　　互恵性（贈与）の— 63
競争 14, 23, 26, 27, 28, 30, 137, 148, 176, 178,
　　179
距離 34, 63, 65, 84, 87, 119, 148
　　個人的— 63
　　社会的— 63
　　—化 119, 170
儀礼主義 128
近代 18, 36, 63, 97, 99, 100, 108, 114, 116, 123,
　　132, 133, 142, 168, 169, 170, 173, 176,
　　183

く

グールドナー，A. W. 63
クロックタイム 80
群化社会 169

け

限界効用学説 126
衒示的消費 120
倦怠 83, 84, 89, 120

こ

構造 - 機能主義 159, 160, 161
甲羅のないカニ 173
合理性 79, 81
合理的選択理論 63
コールマン，J. S. 63
コケットリー 31, 32, 110, 161
個人主義 107, 149, 176, 178
　　質的— 176, 178, 179
　　量的— 176, 178, 179
個性 19, 20, 21, 81, 88, 89, 96, 100, 101, 109, 165,
　　168, 171, 176, 177, 178, 180, 186, 187
　　—化 84, 88, 89, 176, 177, 178
　　—的法則 184, 186, 187
悟性的態度 83, 86
ゴッフマン，E. 148, 149

コミュニケーションの二段の流れ 104

さ

雑踏 84, 85

し

ジェンダー 103
自己保存 44, 55, 56, 58, 59, 60, 125, 171
嫉妬 143, 148
支配 45, 46, 47, 48, 49, 53, 106, 178
社会化 10, 13, 14, 15, 29, 30, 42, 44, 56, 72, 129, 146
社会学 10, 13, 14, 46, 63, 66, 158, 159, 165, 183
　　一般— 29, 72, 73
　　形式— 13, 14, 29, 30, 72, 105
　　相関の— 147, 148
　　相似の— 147, 148
　　哲学的— 29, 72
　　理解— 142, 143
社会学的美学 105, 109, 110
社会化の形式 13, 14, 26, 29, 30
社会関係資本 129, 174, 175
社会圏 89, 98, 168, 170, 171, 172, 173
社会実在論 15
社会的糸の交点 172
社会的水準 29, 72
社会名目論 15
社交 29, 30, 31, 32, 110, 129, 160, 161
自由からの逃走 173
集団 14, 21, 25, 30, 42, 43, 44, 47, 50, 51, 52, 53, 55, 56, 57, 58, 59, 64, 65, 66, 67, 72, 73, 88, 98, 101, 107, 125, 133, 158, 168, 169, 173, 175, 176, 178, 179
　　二人— 42, 55
　　三人— 42, 44, 55
シュッツ, A. 67
シュラム, W. 124
人格 15, 22, 35, 46, 49, 58, 61, 62, 89, 113, 123, 130, 131, 132, 151, 152, 153, 162, 163, 164, 165, 166, 171, 172, 175, 176, 179
　　一の統一性 153
心的 57, 82, 83, 146, 152, 155, 156, 162, 180
　　一過程 150, 152, 153
　　一連関 152
信頼 34, 38, 40, 41, 134, 135, 136, 137, 138, 139

す

鈴木榮太郎 174
スミス, A. 131, 146, 147, 149

せ

生 116, 117, 162, 180, 181, 182, 183, 184, 185, 187
　　一の哲学 109, 183, 186
　　一より以上 180, 181, 182
　　より以上の— 180, 181, 182
生活拡充集団 174
性差 115
製作本能 120
誠実 60, 61
世間 32, 116, 168
羨望 143, 148

そ

相互作用 11, 12, 13, 15, 16, 17, 19, 23, 29, 33, 34, 38, 40, 41, 44, 45, 48, 56, 59, 72, 113, 144, 147, 148, 149, 160, 161, 162, 163, 164, 165, 172, 188

た

大衆 73, 74, 75, 173
ダグラス, M. 121
他者理解 150, 151, 152, 153, 183
多数決 50, 51, 52, 53, 169
多文化共生 171

ち

超個人的な統一体 50, 55

て

ディルタイ, W. 150, 154
デュルケーム, É. 70, 71, 158, 159, 160
テンニース, F. 169

と

当為 171, 184, 185, 186, 187
動機の語彙 144, 145
闘争 23, 24, 26, 27, 123, 133, 137, 148, 180, 182
道徳法則 185, 186
都市 2, 78, 79, 80, 82, 83, 89, 91, 92, 93, 94, 95, 96, 169, 174

索　引

（都市）
　　旋回点としての— 78
　　大— 36, 78, 79, 80, 81, 82, 83, 84, 85, 86,
　　　　87, 88, 89, 90, 91, 99

な

中村菊男 169

に

ニーチェ，F. 184, 187

の

ノエル＝ノイマン，E. 104

は

パーク，R. E. 67, 91
パーソンズ，T. 159, 160, 173
ハーバーマス，J. 60
パットナム，R. 174

ひ

美学 91, 92, 96, 105, 107, 108
　　社会学的— 105
　　都市の— 91, 92
秘密 33, 34, 35, 36, 37, 39, 40, 110
ヒューム，D. 147
平野啓一郎 163
廣松渉 173
貧者 62, 66, 68, 69, 70, 71

ふ

福沢諭吉 11
ブラウ，P. M. 63
文化 91, 92, 94, 95, 96, 97, 98, 99, 100, 108, 114,
　　115, 116, 117, 117, 120, 122, 149, 180,
　　181, 182
　　客観的（客体の）文化 95, 97, 98, 99, 114,
　　　　115, 116, 117
　　主観的（主体の）文化 95, 97, 98, 99, 114,
　　　　115
　　女性— 114, 116, 117
　　男性— 116, 117
　　—形式 116, 117, 180
　　—形象 181, 185

分人 163, 164, 165

へ

ヘーゲル，G. F. 118
ベッカー，H. S. 71

ほ

報酬 39, 124, 125
　　即時— 124, 125
　　遅延— 124, 125
方法論的
　　—関係主義 149, 158
　　—個人主義 149, 158, 160
　　—集合主義 158, 160
ボードリヤール，J. 120
ホーマンズ，G. C. 63
ホックシールド，A. R. 132
ホッブズ，T. 27
　　—問題 159
ボランタリー・アソシエーション 173, 174

ま

マージナル・マン 67
マートン，R. K. 123, 128, 159
前田俊彦 131
マルクス，K. 17, 102, 118, 119, 173

み

水島治郎 75
ミルズ，C. W. 144, 145

む

無関心 82, 84, 86, 87, 89, 90, 103, 148
ムラ 168, 169, 170
　　第一の— 170
　　第二の— 169, 170

も

モース，M. 63
模写 146, 152, 153

ら

ラベリング理論 70, 71

り

理念型　129, 144, 147
流行　2, 101
流動性　78, 81

る

ルーマン，N.　173

れ

冷淡さ　84, 86, 87, 89, 90
レヴィ＝ストロース，C.　63
歴史　91, 92, 93, 142, 143, 147, 150, 154, 171,
　　　172
　　　―認識　150, 154, 156, 157
　　　―理解　154, 156, 183

ろ

労働
　　　感情―　132
　　　こしらえる―　131, 132
　　　つくる―　131, 132

執筆者紹介

徳田　剛（とくだ　つよし）
　現在，大谷大学社会学部准教授。
　主な著書・論文に「よそ者概念の問題機制——「専門家のまなざし」と「移民のまなざ
　し」の比較から」（『ソシオロジ』49巻3号，2005年），「Z・バウマンの社会秩序観——
　「よそ者」と「社会的距離」の視点から」（『社会学史研究』第32号，2010年），『外国人
　住民の「非集住地域」の地域特性と生活課題——結節点としてのカトリック教会・日
　本語教室・民族学校の視点から』（共著，創風社出版，2016年），「G・ジンメルの「空間
　の社会学」——空間・都市・移動をめぐって」（『社会学史研究』第39号，2017年）など。

杉本　学（すぎもと　まなぶ）
　現在，熊本学園大学商学部准教授。
　主な著書・論文に，「支配と多数決における個人と社会」（居安正・副田義也・岩崎信
　彦編『21世紀への橋と扉——展開するジンメル社会学』世界思想社，2001年），「相
　互作用と社会の実在性のあいだ——ジンメル形式社会学の一側面（『年報社会科学
　基礎論研究』第1号，2002年），「近接性と距離——バウマンの道徳論におけるジン
　メルの援用をめぐって」（『コロキウム』第3号，2007年）など。

川本　格子（かわもと　かくこ）
　現在，神戸女学院大学ほか非常勤講師。
　主な著書・論文に，「ジンメルにおける文化と生ならびに性の問題——マリアンネ・
　ウェーバーの女性論と関連させて」（『社会学評論』第232号，2008年），「性差本質
　論から両性的成熟論へ——ジンメル，マリアンネ・ウェーバー，ギリガンの女性
　論」（『女性学評論』第25号，2011年），「集団のダイバーシティ・マネジメント——
　G・ジンメルの社会学に依拠して」（中村浩爾・桐山孝信・山本健慈編『社会変革
　と社会科学——時代と対峙する思想と実践』昭和堂，2017年）など。

早川　洋行（はやかわ　ひろゆき）
　現在，名古屋学院大学教授，滋賀大学名誉教授。
　主な著書に『流言の社会学——形式社会学からの接近』（青弓社，2002年），『ジンメ
　ルの社会学理論——現代的解読の試み』（世界思想社，2003年），『ドラマとしての
　住民運動——社会学者がみた栗東産廃処分場問題』（社会評論社，2007年），『虚飾
　の行政——生活環境主義批判』（学文社，2012年）など。

浜　日出夫（はま　ひでお）
　現在，慶應義塾大学文学部教授。
　主な著書・論文に「神と貨幣」（居安正・副田義也・岩崎信彦編『ゲオルク・ジンメル
　と社会学』世界思想社，2001年），「個人的な自由」（岩崎信彦・廳茂編『『貨幣の
　哲学』という作品－ジンメルの価値世界』世界思想社，2006年），「ジンメルの〈社
　会化＝個人化〉の社会学」（『社会学史研究』第30号，2008年），「宗教論」（早川洋
　行・菅野仁編『ジンメル社会学を学ぶ人のために』世界思想社，2008年），「異人論
　の問題構図——小松異人論とジンメル異人論」（山泰幸・小松和彦編『異人論とは
　何か』ミネルヴァ書房，2015年）など。

ジンメルの論点————————————————————————

発　行 ——2018年11月15日　第1刷発行
定　価 ——定価はカバーに表示
©著者 — 徳田　剛
　　　　　　杉本　学
　　　　　　川本格子
　　　　　　早川洋行
　　　　　　浜日出夫
　発行者—— 小林達也

　発行所—— ハーベスト社
　　　　　〒188-0013 東京都西東京市向台町 2-11-5
　　　　　電話　042-467-6441
　　　　　振替　00170-6-68127
　　　　　http://www.harvest-sha.co.jp
　印刷　㈱平河工業社
　落丁・乱丁本はお取りかえいたします。
　Printed in Japan
　ISBN978-4-86339-101-7 C1036
　© TOKUDA Tsuyoshi, SUGIMOTO Manabu, KAWAMOTO Kakuko, HAYAKAWA Hiroyuki,
　HAMA Hideo, 2018

本書の内容を無断で複写・複製・転訳載することは、著作者および出版者の権利を侵害することがご
ざいます。その場合には、あらかじめ小社に許諾を求めてください。
視覚障害などで活字のまま本書を活用できない人のために、非営利の場合にのみ「録音図書」「点字図書」
「拡大複写」などの製作を認めます。その場合には、小社までご連絡ください。